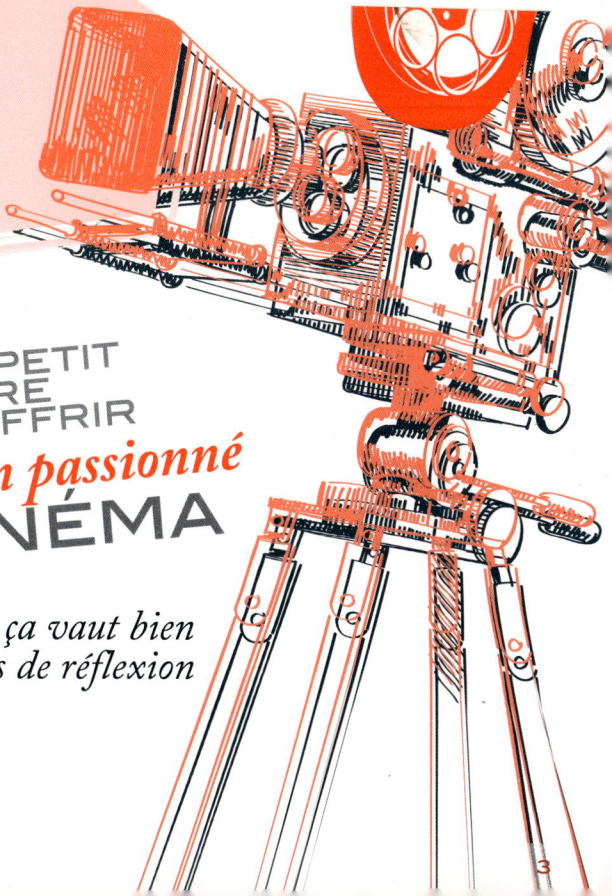

LE PETIT
LIVRE
À OFFRIR
à un passionné
DE **CINÉMA**

parce que ça vaut bien
sept ans de réflexion

INTRODUCTION

Une comédienne : « Les Feux de la rampe,
c'est tellement génial ! Je l'ai vu huit fois ! »

Billy Wilder : « Moi, je ne l'ai vu qu'une fois,
mais j'ai eu l'impression de l'avoir vu huit fois. »

Derrière toute bonne vacherie – dont Hollywood était friand et Wilder coutumier — se cache souvent une vérité. C'était en 1952. Billy Wilder avait quarante-six ans et les films de Charlot l'avaient accompagné depuis son enfance modeste en Autriche jusqu'à ses succès à Hollywood. Si Wilder avait admiré et mémorisé les premiers films de Charlot, il voyait qu'au crépuscule de sa carrière Chaplin avait perdu sa capacité créative : le sentimentalisme et la nostalgie l'avaient emporté. Wilder voyait dans *Les Feux de la rampe* un recyclage de l'époque ou Charlot était un immense créateur.

Tout cinéphile a un peu la mémoire de Wilder – pas sa méchanceté –, car tout cinéphile aime à revoir les films de son panthéon personnel. Qu'est-ce qu'un classique ? Un film dont chaque nouveau visionnage nous procure le plaisir de la répétition, autant qu'il nous révèle son lot de détails que nous avions ignorés. Un film qui étrangement garde son suspense, alors que nous en connaissons le dénouement. Un film qui peut encore et toujours nous amener les larmes aux yeux, comme lorsque nous revoyons la dernière scène des *Lumières de la ville.*

Ce divertissement pour fête foraine inventé à la fin du XIXe siècle est devenu l'art majeur du XXe siècle, car il a l'extraordinaire pouvoir de captiver tous les hommes.

☆ Un film peut nous faire vivre des émotions plus intenses que celles de notre vie réelle, car il nous fait vivre des situations plus extrêmes. Il nous fait peur quand le danger guette un personnage. Il nous soulage quand il y échappe.
☆ Un film peut nous fait rire avec des situations qui d'ordinaire nous désolent :

comédies italiennes, anglaises ou américaines, sans oublier l'humour juif, prouvent que le rire chez les hommes est universel.

☆ Un film nous fait voir le réel et affûte notre sens de l'observation. Il nous montre des choses que nous négligeons d'observer, le regard usé par l'habitude : il leur redonne vie. « Les choses étaient réelles, elles deviennent présentes », comme le synthétise Edgar Morin.

☆ Un film nous apprend à croire davantage aux actes qu'aux discours. Il nous incite à nous intéresser aux relations (d'amour, de haine, de mépris…) entre les personnages, qui se lisent sur leurs visages.

☆ Les films nous font découvrir une autre culture en nous laissant voyager dans des pays étrangers, mais aussi dans des époques révolues, des galaxies lointaines et des temps futurs. Ils nous rendent familiers des villes où nous n'avons jamais posé les pieds (New York, Los Angeles, Tokyo…) et des décors où nous n'oserions jamais nous aventurer.

☆ Pour ajouter à leur séduction, les films « flattent nos travers ». Ils nous encouragent à nous sentir supérieurs quand nous voyons un personnage commettre une faute (que nous ne ferions pas) et que nous espérons le voir puni, ou quand nous assistons à son malheur, confortablement installé dans notre fauteuil. Ils nous font souffrir et jubiler de la souffrance. « Plus le méchant est réussi, plus le film est réussi », disait Alfred Hitchcock.

☆ Les films nous font également rêver lorsqu'ils nous montrent des personnages héroïques. En particulier les superhéros, qui, dans la vie quotidienne, sont si maladroits et se font humilier, mais qui se métamorphosent dès qu'il faut sauver le monde. Avoir en soi un géant qui va pouvoir montrer sa force et triompher : fantasme de l'homme devant son écran.

Un film est mouvement et métamorphose. Quand il était opérateur chez Lumière, Méliès filmait la place de l'Opéra. Un jour, sa caméra s'est bloquée, puis il a réussi à la remettre en marche. Pendant l'interruption, la circulation avait continué. En projetant la bande, Méliès a vu un omnibus transformé en corbillard, des hommes changés en femmes. Son art est sorti de ce montage involontaire.

Les films sont la preuve que la réalité et l'imaginaire sont les deux faces de la même médaille. Au cinéma, la seule réalité dont nous disposons, c'est l'image que nous avons sur l'écran. Cette image nous suffit à nous projeter dans l'histoire de ces personnages, que nous prenons pour des hommes vivants. En réalité, ce sont des fantômes éternellement prisonniers de la pellicule, modernes Sisyphes condamnés à rejouer le même rôle projection après projection, comme dans le roman d'Adolfo Bioy Casares *L'Invention de Morel*.

Enfin, ajoutons que notre réel de spectateur est modifié par les films que nous voyons. Un sociologue qui faisait un séjour dans un hôpital à New York en 1920 s'étonna : la démarche des infirmières avait changé. En allant au cinéma, il comprit. Les infirmières avaient emprunté les démarches des stars féminines de leur époque. De leur côté, d'innombrables mâles américains ont tenté, pendant plus de trente ans, d'imiter le charme désinvolte de Cary Grant… y compris Tony Curtis jouant le rôle du milliardaire infantile dans *Certains l'aiment chaud*. Un personnage de film imitant un comportement lui-même imité d'une star de cinéma. Wilder, encore lui, s'était amusé à boucler la boucle.

Le cinéphile est facilement nostalgique. « Ah ! Murnau ! » « Ah ! Capra ! » « Ah ! Lubitch ! » « Ah ! Renoir ! » « Ah ! Prévert et Carné ! » « Ah ! les films noirs ! » « Ah ! les mélodrames de Sirk ! » « Ah ! Kurosawa ! » « Ah ! *Pierrot le fou !* » « Ah ! les dialogues d'Audiard ! » « Ah ! *Apocalypse Now !* » À notre époque numérique, cette nostalgie est favorisée autant que soulagée par les moyens que nous avons de voir facilement des films sur nos écrans personnels.

Ce petit livre n'est pas nostalgique, il est un hommage à tous les géants qui ont fait le cinéma et nous ont fait rêver. Un hommage et un voyage à travers le cinéma. Voyage dont l'objectif est le plaisir de voyager au hasard des pages. Voyage qui ne doit pas avoir plus d'ordre qu'un rêve. « Les rêves sont réels tant qu'ils durent ; pouvons-nous en dire autant de la vie ? », a écrit le psychologue Havelock Ellis. Empruntons-lui sa formule pour nous poser cette question : les films sont réels tant qu'ils durent ; pouvons-nous en dire autant de la vie ?

COMPORTEZ-VOUS
EN HÉROS DE FILM

Consignes de bon sens pour vivre comme au cinéma.

VOUS CIRCULEREZ FACILEMENT

★ **Pour appeler un taxi,** levez la main. Le taxi arrivera aussitôt. Pour le payer, prenez un billet au hasard dans votre portefeuille, le compte sera rond.

★ **Si vous conduisez de nuit,** ne soyez pas surpris par le rétro-éclairage venu de sous le tableau de bord ; on s'y habitue très vite.

★ **Garez-vous à la première place venue :** ce sera juste au pied de l'immeuble où vous devez vous rendre. Ne soyez pas mesquin, ne fermez pas à clé.

★ **Si l'on vous poursuit en voiture,** un bon truc : prenez une voie rapide à contresens.

VOUS SOIGNEREZ VOTRE APPARENCE

★ **Mesdames,** même après une nuit d'amour, votre rouge à lèvres sera impeccable.

★ **Si vous êtes un femme d'action,** il se peut que vos vêtements soient légèrement déchirés. En revanche, votre coiffure sera invulnérable. Elle restera à l'épreuve des balles, des explosions, des incendies et même des éclats d'obus. Une exception : une pluie diluvienne. Dans ce cas, le héros vous embrassera à pleine bouche.

VOUS VOUS SORTIREZ DE TOUTES LES SITUATIONS

★ **Si vous vous trouvez** devant une porte coulissante, plongez avant qu'elle ne se referme.

★ **En cas de bagarre,** si vous devez fuir par une baie vitrée, fracassez-la.

★ **Lors des combats,** ne vous inquiétez pas d'être en infériorité numérique : vos adversaires attendent patiemment pour vous attaquer un à un.

★ **Si vous êtes coincé,** déguisez-vous en mettant un masque à oxygène.

★ **Si vous voyez quelqu'un** qui porte un masque à oxygène, c'est probablement le méchant qui s'est déguisé.

★ **Si vous devez faire décoller un avion,** observez le tableau de bord pendant quelques secondes : les modèles choisis sont très intuitifs, même ceux des navettes spatiales conçues par des peuples extraterrestres.

★ **Si vous devez vous cacher,** repérez le système de ventilation du bâtiment. Il mène toujours vers la sortie.

VOUS DÉCOUVRIREZ QUE LE SEXE N'EST PAS SALE

★ **Habituez-vous aux draps spéciaux du cinéma :** ils s'arrêtent au niveau des aisselles de la femme et au niveau de la taille de l'homme allongé à ses côtés.

★ **Pendant une relation charnelle,** la femme devra toujours empoigner un drap. Quand elle atteindra l'orgasme, sa main se relâchera.

★ **Ne vous essuyez pas après l'amour ;** le sperme n'existe pas. Pour faire réaliser des économies à la production, remplacez la première nuit d'amour par une ellipse : il suffira de passer du « vous » au « tu ».

VOUS AGIREZ EN FONCTION DU DÉCOR

Si vous êtes dans un bar, ne buvez pas votre verre. Si vous êtes au restaurant, entamez à peine votre assiette et parlez, parlez beaucoup.

N'allez jamais aux toilettes, sauf si vous devez surprendre un secret ou vous faire casser la gueule par des truands.

La nuit, inutile d'allumer la lumière : les pièces seront éclairées comme dans la journée, simplement un peu bleutées. Et, s'il vous arrive de devoir éclairer un gymnase, allumez simplement votre briquet – celui que vous avez toujours sur vous, même si vous ne fumez pas.

VOUS SEREZ FIN PSYCHOLOGUE

★ **Si une bonne copine** commence une phrase, finissez-la vous-même en pointant l'index vers elle (rires garantis entre vous).

★ **Si un collègue de l'autre sexe vous tance,** laissez-le finir puis dites-lui : « Moi aussi, je t'aime. »

★ **Si vous avez quelque chose d'émouvant** à dire à quelqu'un, placez-vous derrière cette personne et parlez à son dos.

★ **Il n'y a rien de mieux** que le kidnapping de votre ex pour vous aider à réaliser à quel point vous l'aimiez. Ce qui aura une conséquence remarquable : la raison pour laquelle vous aviez rompu aura complètement disparu.

Je suis une légende

*Puisqu'on invente rarement du neuf sous le soleil,
et plus rarement encore dans les scénarios de cinéma,
parions l'inverse : une histoire de seconde main,
qui serait racontée presque uniquement
avec des titres de films (parfois sans l'article).*

Il était une fois dans l'Ouest Liberty Valance, l'homme qui voulut être roi, mais qui devint dictateur. Les habitants l'appelaient le monstre, car il vivait dans le château de l'araignée. Quand la ville dort, les enfants hurlent de peur. On murmure dans la ville : « Que la bête meure. » Mais aucune résistance dans le cœur des hommes.

Le créateur de cyborg dont je suis la créature m'a demandé d'agir, car je suis un homme presque parfait. J'ai enfilé le costume qu'il fallait : tout le monde peut se tromper, même un despote. Personne ne sait le mal que j'ai eu pour que nous nous retrouvions face à face. L'affrontement a été mortel. Le crime était presque parfait, mais c'était sans compter mon ami le traître, ce judas. Il m'a pris au piège. Belle capture.

La profession reporter m'a rendu célèbre, même si mon nom est personne. Je suis l'inconnu, je suis l'homme qui tua Liberty Valance… À la fin du procès, j'ai été condamné par douze hommes en colère. Je leur ai dit : « Pendez-moi haut et court. Je veux mourir comme un homme. » Ils m'ont condamné à être brûlé vif. Mais je suis à l'épreuve du feu. Alors, l'avocat a posé un dernier recours. En vain. On m'a remis au trou. Dans la cellule 321, il y avait le comte de Monte Cristo.

Pour une poignée de dollars, j'ai acheté la geôlière et j'ai fui, avec cette pensée constante : « Je suis un évadé. » La poursuite a été impitoyable. J'avais la mort aux trousses, traqué par les affreux, sales et méchants… Nous n'étions pas à armes égales. J'étais à bout de souffle quand je leur ai échappé.

Je suis arrivé à l'ouest de Zanzibar et à l'est d'Eden, là où Dieu créa la femme. C'est là qu'a eu lieu la rencontre avec la femme de ma vie. Je lui ai dit : « Je vous salue Marie. » Elle a poussé un grand cri d'amour : « Je vous trouve très beau. » J'étais un cœur en hiver ; elle l'a réchauffé. Une femme est une femme, en chair et en os. Je l'ai compris à cet instant : l'important, c'est d'aimer.

Près de ma femme chérie, je me sens rajeunir. Et la vie ne me fait pas peur. La vie est belle et le bonheur est dans le pré. Quand au loin s'en vont les nuages, je me dis : « Autant en emporte le vent. » Ce sont nos jours heureux, entre amis et voisins. Ils m'appellent « l'homme qui murmure à l'oreille des chevaux ». Nous avons des enfants. Ils sont beaux au-delà de nos rêves. Ils ont un air de famille. À mon fils préféré, j'apprends la meilleure façon de marcher. « Je règle mes pas sur les pas de mon père » est son credo.

Mais, à la fin d'un été inoubliable, l'été en pente douce de notre dolce vita, les autres sont revenus : le bon, la brute et le truand. Ils m'ont retrouvé fin août début septembre. Avant de reprendre la fuite, j'ai dis adieu à ma descendance. Au revoir, les enfants ! J'ai dit adieu à Marie. Je le sais, nous ne vieillirons pas ensemble, mais nous nous retrouverons. Nous irons tous au paradis, nous aurons devant nous l'éternité et un jour.

LOGLINES EN SIX MOTS

Les Américains appellent l'idée centrale d'un film sa logline.
L'auteur doit s'y tenir ; le spectateur doit pouvoir l'identifier.
Elle tient en quelques mots clés, un peu comme le pari
de bar remporté par Ernest Hemingway et popularisé depuis,
à savoir : « Racontez une histoire en six mots. » Hemingway
avait répondu : « À vendre chaussures bébé, jamais portées. »
Saurez-vous reconnaitre les films résumés
selon cette méthode télégraphique ?

BOY MEETS GIRL TRANSATLANTIQUE RENCONTRE ICEBERG

ALCOOLO + VIEILLE DESCENDENT FILLE FLEUVE AFRICAIN

TROP SÉDUIRE NUIT À LA SANTÉ

PROFESSEUR ALLEMAND AIME DANSEUSE CHUTE INFERNALE

DEUX AMIS, UNE BELLE, QUELLE AMITIÉ ?

MECS CANONS DÉSARMÉS TRIOMPHENT DE CAÏD

PHOTOGRAPHE DÉCOUVRE **MEURTRE** DANS TIRAGE PHOTO

FLIC RÉPLIQUANT INCONSCIENT **CONTRE** RÉPLIQUANTS REBELLES

CAPITAINE REMONTE FLEUVE **CHERCHANT** COLONEL FOU

QUOI FAIRE DANS PETITE VILLE **ITALIENNE?**

MUSICIEN ENVIEUX DÉTRUIT JEUNE RIVAL **GÉNIAL**

UN **GÉNIE** DEUX **ASSOCIÉS** UNE CLOCHE

SINGES VOYAGE SPATIAL ORDINATEUR **REBELLE** ÉTERNITÉ

ELU NAÏF TRIOMPHE DE CORRUPTION SÉNATORIALE

MUSICIENS **TRAVESTIS** DÉCOUVRENT CONDITION DES **FEMMES**

AMOUR FOU INVIVABLE **SUD RACISTE** RAVAGE

AMOUREUX JEUNES+**BEAUX** LE CRABE TRIOMPHE

LE GRAND BESTIAIRE DU CINÉMA

DANSE AVEC LES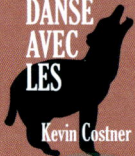
Kevin Costner

Vol au dessus d'un nid de
Milos Forman

UN  ANDALOU
Luis Buñuel

LE SILENCE des
Jonathan Demme

PEAU d'
Jacques Demy

Qui veut la peau de Rogger  **?**
Robert Zemeckis

MAN
David Lynch

LES
Alfred Hitchcock

On achève bien les
Sydney Pollack

MAN
Sam Raimi

La  et le Prisonnier
Henri Verneuil

LA  Francis Veber

Un 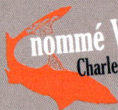 nommé Wanda
Charles Crichton

LE
Luchino Visconti

Babe, le  dans la ville
George Miller

LA  ROSE
Blake Edwards

La Stratégie de l'
Bernardo Bertolucci

L'  et la Poupée
Michel Deville

LE
Pierre Granier-Deferre

LA
David Cronenberg

Un  en hiver
Henri Verneuil

Sylvester Stallone

Le Scaphandre et le
Julian Schnabel

Les  du désert
Robert Wise

Le Sortilège du [scorpion] de jade   Woody Allen

LA [jument] VERTE   Claude Autant-Lara

Les Nuits [fauves]   Cyril Collard

LE [zèbre]   Jean Poiret

L' [oiseau] noir   Tod Browning

La [chatte] sur un toit brûlant   Richard Brooks

RESERVOIR [chien]   Quentin Tarantino

AMOURS [chien]   Gonzáles Iñárritu

Gus Van Sant

[lion] & [agneau]   Robert Redford

Les [biches]   Claude Chabrol

LA SOUPE AU [canard]   Leo McCarey

Le [mouton] enragé   Michel Deville

LES [rapaces]   Eric von Stroheim

Des anges et des [insectes]   Philip Haas

L'Œuf du [serpent]   Ingmar Bergman

Le Cri du [hibou]   Claude Chabrol

L'année des [méduses]   Christopher Frank

LE [pigeon]   Mario Monicelli

Il est plus facile pour un [chameau] ...   Valeria Bruni Tedeschi

[ornithorynque] Dundee   Peter Fairman

Les Trois Jours du [condor]   Sydney Pollack

Le [corbeau]   Jean-Pierre Mocky

LE [chat] & LA [souris]   Claude Lelouch

Le Château de l' [araignée]   Akira Kurosawa

La Nuit de l' [iguane]   John Huston

Quand passent les [cigognes]   Mikhail Kalatozov

Le Chaud [lapin]   Pascal Thomas

L' [aigle] des mers   Michael Curtiz

Le [corbeau]   Henri Georges Clouzot

17

Le caméo
ou portrait du réalisateur en passant

Alfred Hitchcock avait pour habitude de faire de brèves apparitions dans les films qu'il réalisait. C'était en quelque sorte sa signature. On a appelé ça des « cameos », et le terme est passé en français. De nombreux réalisateurs ont joué de ces clins d'œil. Saurez-vous les retrouver sur la photo ?

La silhouette bien connue de Hitchcock apparaît dans trente-sept de ses films, entre 1926 et 1976. Au début de sa carrière, il pouvait faire son apparition à tout moment du film. Dans *Murder*, c'est à la soixantième minute du film qu'il passe dans la rue devant la maison du meurtre. Mais, comme ses caméos étaient bien connus, les spectateurs les guettaient, scrutant tous les personnages secondaires à l'écran dans l'espoir de repérer sa silhouette. Ce qui, évidemment, perturbait leur vision du film et lui retirait de son célèbre suspense. Hitchcock décida donc de placer ses caméos dans les premières minutes du film. Dans *La Mort aux trousses*, à la troisième minute, il court pour rattraper un autobus qui referme ses portes sous son nez. Dans *Le Rideau déchiré*, à la quatrième minute, assis dans le hall de l'Hôtel d'Angleterre, il tient un bébé sur son genou droit, puis le transfère sur son genou gauche.

Depuis, le maître a été beaucoup imité, et comme lui, souvent le réalisateur apparaît comme un simple passant, tel Jean-Luc Godard dans une gare, dans *Le Petit Soldat*. Ou bien on l'aperçoit parmi une foule : Pedro Almodóvar parmi les veuves, au début de *Volver* ; François Truffaut à l'enterrement de *L'Homme qui aimait les femmes* ; Luc Besson en concurrent du Championnat du monde d'apnée, dans *Le Grand Bleu* ; Jan Kounen dans *Dobermann*, comme client de la banque avant que la bande du Dobermann n'y envoie une roquette.

Le caméo reflète bien évidemment le narcissisme du réalisateur, narcissisme qui peut s'étendre à ses propres enfants. Chris Columbus, dans *Maman, j'ai encore raté l'avion*, joue un client de l'hôtel avec sa propre fille sur ses épaules. Dans *Le Seigneur des anneaux*, Peter Jackson fait faire de brèves apparitions à ses enfants.

Pour les narcissiques plus cérébraux, le caméo peut être l'occasion d'une mise en abyme, le réalisateur jouant son rôle de réalisateur. C'est le cas de Francis Ford Coppola, quand il apparaît dans *Apocalypse Now*, donnant des consignes de tournage : « Faites semblant de vous battre ! »

Le narcissisme est parfois plus discret, et certaines apparitions sont quasiment invisibles. Dans *Duel*, on aperçoit Steven Spielberg dans le reflet d'une cabine téléphonique. Quant à Quentin Tarantino, qui aime filmer des situations violentes avec un pointe de sadisme, cherchez-le bien dans *Inglourious Basterds* : ce sont ses propres mains qui étranglent Hammersmark.

LE FILM QUE J'AI VU
LE PLUS DE FOIS

Au fil de sa vie, chacun d'entre nous s'est forgé son panthéon d'artistes et d'œuvres célèbres. Que ce soit parce qu'il y a le plus grand rôle de notre star préférée, parce que l'on aurait rêvé de jouer dedans, parce qu'on a l'impression qu'une œuvre nous est personnellement destinée ou qu'elle nous parle d'une situation qui nous touche particulièrement… Dans ce panthéon, souvent, un film a la préférence. Micro-trottoir.

Rio Bravo
film préféré d'un patron de presse

Rio Bravo, c'est un western qui inverse tous les codes. Il n'y a pas d'Indiens et pas de grands espaces. La moitié de l'histoire se passe dans le bureau du shérif, joué par John Wayne. Alors qu'il doit affronter une bande de voyous, il n'accepte l'aide de personne, à part d'un jeunot inexpérimenté, d'un vieux et d'un alcoolo. J'ai dû le voir au moins cinquante fois. Quand on dirige un journal qui n'appartient pas à un groupe de presse, on sait ce que c'est que de se battre pour exister.

Rocky
film préféré de Layton Hewitt, tennisman, ex n° 1 mondial

J'ai vu la série des Rocky des dizaines de fois. Pour moi, le tennis, c'est un sport pour les mecs qui en ont. Il ne faut jamais accepter la défaite. Mon mantra, c'est : « Moi, on m'abat pas ! » Quand je suis mal, c'est ça qui me redonne la rage et l'énergie pour marcher sur celui qui est en face. Jusqu'à la dernière balle, je ne suis pas mort.

Titanic
film préférée d'une jeune fille des années 1990

Je crois que c'est le film que j'ai vu le plus de fois dans ma vie… Ma scène préférée, c'est le moment où Rose veut se suicider en se jetant du bateau et où Jack l'attrape pour la sauver. La fin est très belle. Quand Jack est transi de froid et que Rose le voit mourir, elle lui dit : « Je n'abandonnerai jamais. Je te le promets. »
Chaque fois que je le revois, je pleure.

Sur la route de Madison
film préféré d'une amie de ma mère

J'ai été élevée à la campagne. Je comprends bien cette femme qui se sacrifie pour ses enfants. J'en ai eu cinq, moi…
C'était une autre époque.
Il était encore très bien, Clint Eastwood (petit rire gêné).
Je repense au moment où il se lave le torse en remontant l'eau du puits.

Le Fanfaron
film préféré de mon pharmacien

L'un des grands rôles de Vittorio Gassman, l'archétype du macho italien : bavard, drôle, désinvolte, charmeur et… fanfaron. Dans le film, il fait la connaissance d'un étudiant timide et complexé, et il lui fait vivre deux jours de randonnée à toute vitesse à travers le sud de l'Italie.
Quand j'avais ans, avec un copain, on a passé nos vacances en Italie. On a cherché les endroits où ça avait été tourné. On a rencontré pas mal d'Italiennes…

SECRETS DE TOURNAGE

La scène prédestinée de *La Main au collet*

Dans le film d'Alfred Hitchcock, Grace Kelly conduit sur une route de la Côte d'Azur, tout près de la principauté de Monaco. C'est sur cette même route que, près de trente ans plus tard, elle aura un accident de voiture mortel. Les paysages grandioses du film sont donc les derniers qu'elle a vus avant sa mort...

Le sacrifice d'*Autant en Emporte le vent*

Lors de la grande scène de l'incendie d'Atlanta, les immeubles en feu ne sont autres que la cage de *King Kong* et les décors du *Petit Lord Fauntleroy*...

Les hic d'*African Queen*

Le film fut d'abord retardé parce que John Huston était obsédé par un autre projet : la chasse à l'éléphant. La trouvaille du grand mâle qu'il avait en tête coûta la vie à son guide et plusieurs jours d'attente à toute l'équipe. Par la suite, cette équipe tomba malade au grand complet pour avoir bu de l'eau contaminée, à l'exception de Humphrey Bogart, qui ne buvait que du scotch... même pour se laver les dents.

Le casting mammaire de *Hors-la-loi*

C'est parce qu'elle était dotée d'une somptueuse poitrine que Jane Russell obtint le rôle principal du film de Howard Hughes. Après avoir mené un casting dans tous les États-Unis, en vain, il trouva l'actrice de ses rêves en allant chez son dentiste, où elle officiait comme secrétaire. Il commanda alors à son équipe d'ingénieurs aéronautiques un soutien-gorge spécial destiné à rehausser la poitrine de la future star.

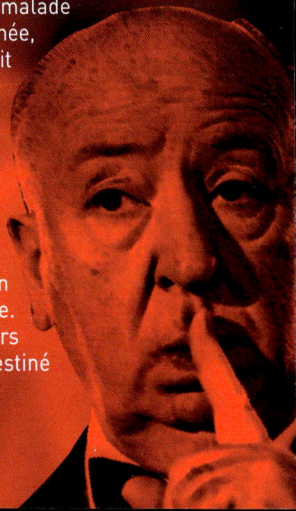

Les effets miroirs de *Titanic*

On n'a construit qu'une moitié de la salle des machines. Des miroirs reflètent l'autre moitié, et des hommes de petite taille jouent les machinistes. Par ailleurs, seule la moitié du bateau a été reconstituée, à tribord, face crevée par l'iceberg. Or, au début du film, une scène montre le *Titanic* accosté par un bateau à bâbord. C'est en inversant la pellicule que James Cameron donna à l'écran l'illusion du côté droit. Cela impliqua de broder les inscriptions sur les casquettes et de faire peindre les enseignes à l'envers.

Les communautés de *La Planète des singes*

Pendant les pauses du tournage, les acteurs déguisés en singes avaient tendance à passer leur temps avec ceux qui portaient des costumes de la même espèce : les gorilles avec les gorilles, les chimpanzés avec les chimpanzés, etc.

La pluie mystérieuse de *Chantons sous la pluie*

Dans la fameuse scène de danse sous la pluie de ce chef-d'œuvre de la comédie musicale, Gene Kelly trouva que la pluie n'était pas assez visible à l'écran et décida d'y faire ajouter du lait.

Le secret de famille du *Parrain*

Dans le premier Parrain de Francis Ford Coppola, le nourrisson qui est baptisé sous les yeux d'Al Pacino est la fille du réalisateur, Sofia Coppola, future réalisatrice elle-même.

Le meurtre disparu de *Blow up*

Blow up est un film énigmatique, pour des raisons surprenantes. Antonioni avait pour habitude de garder pour la fin du tournage les scènes les plus cruciales, afin de faire pression sur son producteur et d'obtenir une rallonge. Pour ce film, il avait tenu à emmener à Londres toute son équipe technique italienne, ce qui avait généré des frais considérables. Quand il procéda à sa technique habituelle pour soutirer un supplément à Carlo Ponti, celui-ci refusa, privant ainsi le film de scènes essentielles à la compréhension du spectateur...

BOY MEETS GIRL

Dans son célèbre livre Hitchcock-Truffaut, *ce dernier a demandé
à maître Alfred s'il avait déjà utilisé l'un de ses rêves comme source
d'un film. Hitchcock a répondu :* « Non, jamais. » *Pourquoi ?
Parce que, une fois, il s'était réveillé au milieu de la nuit,
après un rêve qui contenait une brillante idée de film.
Il s'était levé et avait griffonné son idée. Le matin, reprenant ses notes,
il avait lu :* « Boy meets girl. » *Dans le même livre, Hitchcock explique
également que* « il vaut mieux partir du cliché qu'y arriver. »
Soit donc le cliché « Un garçon rencontre une fille. »
À quel développement surprenant cela a-t-il donné lieu ?

Un homme rencontre une femme.
Lui est une star sur le déclin.
Elle est une jeune chanteuse.
Il la fait engager et l'aide
dans son ascension.
Ils s'épousent, mais il devient
un fardeau pour elle.

Une étoile est née

Un homme rencontre une femme.
Par ambition, il prête sa garçonnière
à ses supérieurs
pour des cinq-à-sept.
Il découvre que son patron
couche avec elle
dans son propre lit.

La Garçonnière

Un homme rencontre une femme.
Elle disparaît sans raison.
Ils se retrouvent par hasard.
Il lui pardonne et la laisse malgré
elle à son mari, qu'elle n'aime plus.
L'amour doit passer après le combat
contre la tyrannie.

Casablanca

Un homme rencontre une femme.
Il devient paralysé
et la pousse à coucher avec d'autres
hommes et à se prostituer.

Breaking the Waves

Un homme rencontre une femme. Il est riche. Elle se prostitue pour gagner sa vie.

Pretty Woman

Un homme rencontre une femme. Il la pousse à séduire un autre homme et à l'épouser. Sans le savoir, il la condamne.

Les Enchaînés

Un homme rencontre une femme. Elle est mineure. Il épouse sa mère pour être près d'elle. Après la mort de la mère, il enlève la fille pour fuir à travers les États-Unis.

Lolita

Un homme rencontre une femme. Il est détective privé et découvre qu'elle a tué et lui ment. Il la livre à la police.

Le Faucon maltais

Un homme rencontre une femme. Il lui sauve la vie par deux fois. Pour commencer, en l'empêchant de se suicider. Pour finir, en lui cédant la planche de salut où elle s'est réfugiée après leur naufrage.

Titanic

Un homme rencontre une femme. Étrangement, il est né vieux et rajeunit. Il la quitte quand il devient trop jeune pour elle. Quand il est redevenu enfant, elle s'occupe de lui comme une mère.

L'Étrange Histoire de Benjamin Button

25

LES CLICHÉS DU POLAR :
UNE VILLE, LA NUIT, LA PLUIE, ET PUIS...

Les différents genres – comédie, drame, fantastique, action, polars... – doivent respecter certaines conventions auxquelles s'attend le public. Le respect de ces codes fait partie du plaisir du spectateur, même s'il s'agit de clichés. Dans le polar depuis les années 1950, il vaut mieux commencer par une ville, la nuit, sous la pluie, en particulier lors de la découverte d'un premier cadavre. Ensuite, on enfile quelques perles.

L'enquête est réalisée soit par un détective solitaire, soit par un duo de flics contrasté : un expérimenté désabusé et un jeunot tout fou. L'un ou l'autre a de grosses difficultés avec sa famille et se réfugie dans le travail et/ou dans l'alcool. Au début, les deux flics ne se supportent pas. À la fin, ils sont amis.

Lors de leur enquête, les flics rencontrent une galerie de suspects. Parmi eux, presque toujours une blonde glaciale ou une brune incendiaire, quand ce n'est pas l'inverse. Cette femme fatale entame une relation rapide mais problématique avec l'un des deux flics. Au final, soit on apprend qu'elle est liée avec le coupable, soit elle en devient sa victime.

Régulièrement, l'un des flics transgresse certaines procédures policières et s'affronte à sa hiérarchie ; parfois même, il est exclu de l'affaire. C'est encore mieux quand des indices en font un suspect idéal. De chasseur, il devient chassé. Un traître a laissé les indices le désignant. Ce traître doit être la personne en qui le flic a le plus confiance. Le traître idéal est le chef de la police, surtout s'il est irlandais. Si le chef de la police est noir, il peut être suspecté, mais il ne peut pas être coupable.

Ces contretemps n'empêchent pas le policier incriminé de poursuivre son enquête et de se rapprocher dangereusement du méchant, dont l'identité à été soigneusement fournie au spectateur.

Le méchant ne va pas se laisser faire et, très souvent, le flic, de poursuivant, devient poursuivi. Tout près d'être coincé, il a la chance de pouvoir se dissimuler au milieu d'un défilé de la Saint-Patrick ou du Nouvel An chinois.

Le meurtrier est supérieurement intelligent… et impitoyable. Si c'est un serial killer, il se prend pour une génie artistique méconnu qui exprime son talent dans ses meurtres. Dans ce cas, sa faiblesse est sa vanité. À la fin du film, il ressent le besoin de se confesser avec des détails accablants, lorsqu'il croit le flic à sa merci.

S'il y a une bagarre finale, les chargeurs des pistolets semblent d'une capacité inépuisable, sauf au moment du *climax*. Alors, soudain, il n'y a plus de balles, et pas moyen de recharger.

Après la mort ou la mise en détention du criminel, le triomphe du flic est bref. Le quotidien et son ennui l'attendent. *The end.*

Vous avez l'impression d'avoir déjà vu ce film cent fois ? C'est normal !

LE CLIFFHANGER

Si les séries télévisées ou les films américains sont aussi bien rythmés, c'est grâce à la publicité, qui interrompt leur diffusion à la télévision toutes les sept minutes. Pour que les téléspectateurs ne partent pas sur d'autres chaînes, les auteurs utilisent une subtile stratégie narrative. Elle consiste à couper la scène au « mauvais » moment, c'est-à-dire avant sa conclusion. Laquelle ne sera délivrée qu'après la pub.
On appelle ça le cliffhanger.
Littéralement : l'accroche à la falaise.

Le procédé est si efficace qu'il est utilisé à outrance dans les *soaps* (séries mélodramatiques).
Dans chaque épisode, plusieurs intrigues s'entremêlent et le montage passe souvent abruptement de l'une à l'autre. Les téléspectateurs se retrouvent plongés successivement dans les différentes intrigues, avec, en fond, la question : « Mais, pendant ce temps, que font les autres ? »

Si les Américains sont les champions du monde du *cliffhanger*, l'idée n'est pas nouvelle, elle leur vient d'un vieux pays ami : la Perse (c'est-à-dire à peu près l'Iran et l'Irak). Eh oui, le *cliffhanger* est LE truc inventé par Shérérazade pour ne pas se faire tuer à l'aube pas son mari, comme les femmes qui l'ont précédé. Elle parvient à le tenir en haleine en interrompant son récit au moment le plus crucial, prolongeant ainsi son sursis pendant… mille et une nuits.

L'astuce est réinventée par des feuilletonistes français au XIXᵉ siècle, à qui il permet de joyeuses licences narratives. On raconte par exemple qu'un feuilletoniste, mal payé comme tous les membres de sa confrérie, usa de ce moyen pour obtenir une augmentation. Il conduisit son histoire de telle sorte que son héros affrontât le méchant sur un bateau au milieu du Pacifique. Et il lui fait perdre son combat : l'infâme adversaire entoure le héros de chaînes, l'enferme dans une malle et le jette au plus profond de l'océan. Fin de l'épisode publié. Le moment était fort bien choisi pour menacer de quitter le journal s'il n'obtenait pas une augmentation. Le rédacteur en chef commença par refuser le chantage, invitant d'autres feuilletonistes à prendre sa suite, mais aucun ne trouva de solution vraisemblable pour sauver le héros. Or, le public attendait, se demandant : « Mon héros échappera-t-il à la mort horrible qui l'attend ? »

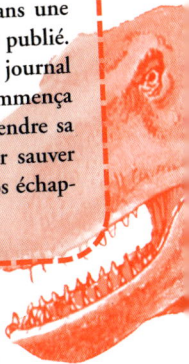

Si, arrivé à ce point de lecture, vous vous demandez comment cette page pourrait bien s'achever, c'est que vous venez d'éprouver ce qu'est un cliffhanger.

Suite page 36.

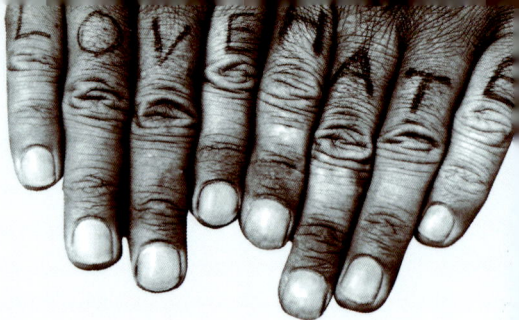

COMMENT RÉUSSIR
UN MÉCHANT

Contrairement à ce que l'on pense parfois, il faut aimer le méchant. Pour de nombreuses raisons. La première est prosaïque : sans lui, il n'y aurait pas de film, car le héros n'aurait aucun problème pour atteindre ses objectifs. La deuxième est plus essentielle : souvent, le méchant n'est que l'autre visage du héros.

En effet, les deux personnages principaux ont souvent le même but. Dans les triangles amoureux, deux hommes ou deux femmes sont rivaux (rivales), car ils (elles) veulent un bien impartageable : l'objet de leur désir ou de leur amour. Dans un film de braquage, le méchant veut mettre l'argent de la banque dans sa poche, le flic veut que l'argent de la banque reste dans la banque. Chacun veut imposer sa décision concernant le « bon endroit » où doit être l'argent.

Dans les triangles amoureux, le plus souvent, l'amant est le héros, et le mari est le méchant. Dans les films de braquage, comme on l'a vu mille fois, le héros peut être le braqueur ou bien le flic qui veut empêcher le braquage. En réalité, si le héros est le héros, c'est simplement parce qu'il est le plus séduisant, le plus courageux, le plus inspiré, celui qui est joué par la star la plus célèbre et surtout celui auquel on est amené à s'identifier dès le début du film. Mais, pour que le combat soit incertain, il faut que le méchant ait les qualités qui vont lui permettre d'être un bon opposant, ce qui va garantir le suspense.

Un méchant peut donc être aussi séduisant, courageux et intelligent que le héros. Plus le méchant est réussi, plus le film est réussi.

TREIZE TRUCS POUR ÊTRE UN BON MÉCHANT

1. Incarner l'aspect maléfique de quelqu'un prêt à tout pour connaître la vérité sur ce qui est au fond de lui, comme dans *Dr Jekyll et Mr Hyde.*

2. Posséder une beauté vénéneuse, comme Lola-Lola dans *L'Ange bleu* ou Catherine Tramell dans *Basic Instinct.*

3. Regretter intensément de ne pouvoir surmonter ses pulsions, comme dans *M le maudit.*

4. Avoir les plus grandes qualités d'un Jedi, comme Dark Vador dans *Star Wars,* mais un orgueil qui vous pousse à passer du côté obscur de la force.

5. Être omniscient, vouloir prendre le pouvoir, échouer et mourir de manière bouleversante, comme HAL dans *2001 : l'Odyssée de l'Espace.*

6. Être amoureux d'une femme et, quand vous découvrez qu'elle vous espionne, l'empoisonner, sur les conseils de votre mère, comme Sebastian dans *Les Enchaînés.*

7. Feindre l'innocence et vous jouer de tout le monde, comme Eve Harrington dans *Eve.*

8. Vous abriter derrière des valeurs religieuses, comme le pasteur Harry Powell dans *La Nuit du chasseur.*

9. Être supérieurement intelligent, aider le FBI à capturer un tueur qui vous fait de l'ombre et en profiter pour vous échapper, comme Hannibal Lecter dans *Le Silence des agneaux.*

10. Être joué par un comédien que Hollywood avait enterré, comme Don Corleone dans *Le Parrain,* porté par Marlon Brando.

11. Être d'un cynisme absolu, comme Gordon Gekko dans *L'Argent ne dort jamais.*

12. Être un réplicant conscient de son inhumanité qui veut détruire son créateur, comme dans *Blade Runner.*

13. Être joué par un cabotin de génie comme Jack Nickolson, le Joker de *Batman.*

31

LES ENFANTS STARS :
QUE SONT-ILS DEVENUS ?

Billy Wilder avait un projet qu'il n'a jamais pu réaliser.
« Je voulais faire un film sur la maison de retraite des gens
du spectacle à Hollywood… Mon idée, c'était de faire un film
contemporain sur une star enfant à la Shirley Temple dont la carrière
est terminée à l'âge de sept ans et qui fait valoir ses droits à la retraite
et à l'hébergement, puisqu'elle remplit toutes les conditions. Ce monstre
arrive dans cet univers de vieux, et ils n'ont plus qu'une seule envie,
c'est de la tuer. » Billy, le moraliste sarcastique, faisait référence
au système érigé par les studios des années 1920 : la mise en vedette
des enfants. Leur présence garantissait des entrées, toute la famille
allant les voir au cinéma. Mais comment gère-t-on sa vie d'adulte
quand on a été superhéros à l'âge où les autres enfants
n'en ont que le costume ?

Shirley Temple

La première
et la plus célèbre
des enfants stars.
Contrairement
à d'autres, elle décide
sagement de mettre fin
à sa carrière
à l'âge de vingt ans
et épouse un
homme d'affaires
qui n'a vu aucun
de ses films.

Jackie Coogan

Séduit par ce gamin
espiègle, Chaplin
l'embauche sans
projet précis en tête.
Ils « jouent »,
c'est-à-dire
improvisent, pendant
des mois
pour aboutir au *Kid*.
Plus tard, il interprète
un autre rôle d'enfant
espiègle : Tom Sawyer.
Dans les années 1960, il
tient
le rôle d'oncle Fester dans la série
La Famille Addams.

Judy Garland

Fille d'acteurs, elle fait ses débuts sur scène à l'âge de trois ans. Elle devient une star à dix-sept ans, grâce à son rôle dans *Le Magicien d'Oz*. Comédienne, mais aussi chanteuse et danseuse, malgré sa fragilité, elle connut une carrière longue, avec des hauts et des bas, alternant récompenses et dépressions.

Mickey Rooney

Il commence sa carrière à dix-sept mois. De sept ans à treize ans, il interprète son propre rôle dans une série puis devient le partenaire attitré de Judy Garland dans huit comédies musicales. Mais comment s'imposer ensuite dans le monde des acteurs adultes quand on a une bouille d'enfant... même quand on épouse Ava Gardner ? Il ne lâchera pourtant pas le cinéma et jouera jusqu'à ses quatre-vingt-dix ans.

Brooke Shields

À onze mois, elle fait de la publicité pour un savon. À douze ans, ravissante et gracile, elle joue le rôle d'une enfant prostituée dans *La Petite* de Louis Malle. À l'adolescence, elle se métamorphose et devient une femme athlétique. Elle ne joue quasiment plus que pour la télévision.

Drew Barrymore

Issue d'une grande dynastie hollywoodienne, filleule de Spielberg, elle devient célèbre à sept ans pour son rôle dans *E.T. l'extraterrestre*. Elle enchaîne les rôles d'enfant, mais se met à boire à neuf ans, à fumer du cannabis à dix ans et à prendre de la cocaïne à douze ans. Après une traversée du désert et une cure de désintoxication, elle retrouve le succès avec *Charlie et ses drôles de dames*.

Elizabeth Taylor

Elle commence sa carrière à dix ans et devient célèbre immédiatement, pour devenir une véritable star dans les années 1950 et 1960. Elle écrira toutefois dans ses mémoires : « On m'a volé mon enfance. »

Macauley Culkin

Star de *Maman, j'ai raté l'avion*, c'est l'enfant acteur le mieux payé de tous les temps (plusieurs millions de dollars par film). À quatorze ans, il met fin de lui-même à sa carrière.

LES FILMS
QU'IL FAUT AVOIR VUS

Le Cuirassé « Potemkine », de Sergueï Eisenstein

Avec sa légendaire scène de l'escalier (le peuple mitraillé par les soldats du tsar) et ses marins musculeux et torse nu qu'Eisenstein prenait visiblement plaisir à filmer en nous faisant croire qu'ils meurent de faim.

M le Maudit, de Fritz Lang

Premier film impur pour certains, car premier film parlant. Dès les premières secondes, dans un décor vide (une simple cage d'escalier), on entend une mère appeler sa petite fille, impatiente, puis inquiète… En une minute, la voix s'impose comme un outil dramatique majeur.

La Règle du jeu, de Jean Renoir

Chef-d'œuvre incompris à sa sortie, juste avant la guerre de 1940. Accusé de superficialité alors qu'il montrait parfaitement l'inconscience et la lâcheté des élites de l'époque, qui conduisirent aux accords de Munich.

Citizen Kane, d'Orson Welles

Le chef-d'œuvre des chefs-d'œuvre, selon les théoriciens et critiques du cinéma. Comme tant de génies abusifs, Orson Welles s'attribua le scénario, qui n'était pas de lui, mais de Joseph Mankiewicz.

Casablanca, de Michael Curtiz

La plus célèbre des histoires pour midinettes jouée par des acteurs de génie : Humphrey Bogart et Ingrid Bergman, qui dit d'une manière bouleversante « Play it again, Sam. »

Boulevard du crépuscule, de Billy Wilder

Le film est une parabole sur le crépuscule des stars du cinéma muet. Un second rôle essentiel pour l'un de ses grands martyrs, Eric von Stroheim, et une apparition de l'une des grandes victimes du parlant : Buster Keaton.

Sueurs froides, d'Alfred Hitchcock

Le grand film sur l'amour, la mort et la duplicité. La plus belle utilisation du mythe d'Orphée. Le roman originel de Boileau-Narcejac a pour titre *D'entre les morts*.

À bout de souffle, de Jean-Luc Godard

Le film qui a rendu célèbre Godard, Belmondo et la Nouvelle vague, et qui se termine sur un ambigu « C'est dégueulasse ! »

La Dolce Vita, de Federico Fellini

Le premier grand film sur la jet-set et la dictature de la « médiatisation ». On notera que beaucoup de ceux qui utilisent l'expression *« dolce vita »* passent à côté du sens du film, qui en montre la vacuité absolue.

2001 : l'Odyssée de l'Espace, de Stanley Kubrick

Le plus grand film de science-fiction, incompris à sa sortie. Célèbre, entre mille autres choses, pour son méchant réussi, l'ordinateur HAL. Et, pour les vrais cinéphiles, pour le point de montage le plus audacieux de l'histoire du cinéma : l'os de tibia préhistorique qui tournoie dans le ciel et se métamorphose en vaisseau spatial sur une valse de Vienne.

La Guerre des étoiles, de George Lucas

La grande œuvre de George Lucas, champion du monde de l'exploitation industrielle d'une idée et de ses produits dérivés. On notera que la traduction exacte devrait être « les guerres de l'Étoile », à savoir l'Étoile noire de Dark Vador.

Le Dernier Métro, de François Truffaut

Le dernier grand film de Truffaut, qui, au sommet de sa carrière, a pratiqué à la perfection l'infâmie qu'il dénonçait trente ans plus tôt : le cinéma de studio.

Pulp Fiction, de Quentin Tarentino

Pour ses dialogues « tarentinesques » et la scène de danse qui a permis à John Travolta de sortir de la tombe où l'avait enterré Hollywood.

LE CLIFFHANGER (SUITE DE LA PAGE 28)

C'est seulement après avoir signé un nouveau contrat avantageux que le feuilletoniste victorieux rendit sa copie. Elle commençait par ces mots : « Notre héros s'étant sorti de ce mauvais pas… »
Et, fait incroyable, le public accepta très naturellement cette pauvre explication, tant il était impatient de découvrir la suite de l'histoire.

Au cinéma, les *cliffhangers* les plus importants doivent être placés au moment des charnières dramatiques, c'est-à-dire au moment où l'histoire prend une nouvelle direction. Et c'est aux personnages principaux qu'il arrive des *cliffhangers*.

Certains *cliffhangers* sont assez standards.
Par exemple, quand un personnage est surpris.
▶ Le téléphone sonne.
▶ Une alarme l'interrompt.
▶ La porte est ouverte par un autre personnage qui reste dans l'ombre.

Certaines répliques font office de *cliffhanger*.
▶ Une scène se termine sur une réplique énigmatique.
Ex : « C'est à cause du chrome… » dit Julia Roberts dans *Erin Brockovitch*.
▶ Un témoin ou un personnage qui a compris quelque chose veut en parler, mais il doit se taire pour cause d'urgence.
▶ Un personnage dit : « Je ne ferai jamais ça. » Après la pub, le personnage fait exactement ce qu'il a dit qu'il ne ferait jamais (*cliffhanger* ironique).

On peut améliorer le *cliffhanger* avec du suspense, en mettant un personnage en danger.

❱ Il se retrouve accroché à une falaise ou suspendu à un câble.

❱ Il se retrouve désarmé face à une arme.

Nouvelle amélioration : le montage en parallèle. On quitte le personnage en danger pour aller voir ce que font ceux qui veulent le sauver. On revient vers le premier personnage dont la situation a empiré. Puis on revoit les sauveteurs qui se rapprochent. S'ensuit une série d'allers-retours de plus en plus rapides avec un suspense grandissant. « Les secours arriveront-ils à temps ? »

La fin ouverte en guise de *cliffhanger*

Certains cinéastes, qui ont le sens de l'ironie, s'autorisent à ne pas complètement dénouer l'histoire et à laisser le destin de certains personnages en suspens.

❱ Dans *La Garçonnière,* au dénouement, le héros se retrouve seul, ayant tout perdu. Débarque alors dans sa garçonnière la femme qu'il adore. Elle lui apprend qu'elle vient de rompre avec le salaud pour lequel elle vient de faire une tentative de suicide. Il est encore trop tôt pour que le héros la prenne dans ses bras. Que se dire ? Quoi faire ? Ils se mettent à jouer au gin rummy comme ils l'ont fait plus tôt dans le film. Il veut déclarer son amour. Elle lui coupe la parole avec un sourire charmant et narquois, et lui dit « *Shut up and play* » (Ta gueule et joue.) « Jouer à quoi ? » est-il en droit de se demander. Nous ne le saurons jamais.

❱ Dans *L'Or se barre,* la voiture contenant un bande de voyous et un magot en or sort de la route et s'arrête au bord d'un précipice. L'or glisse vers l'arrière de la voiture, qui est au dessus du vide. Le héros et ses complices osent à peine respirer. Le film se termine sur la réplique « Tenez-bon les gars. Je viens d'avoir une super idée. »

LA POÉSIE DE L'HORREUR

*Il y a des titres de films d'horreur qui n'y vont pas
par quatre chemins pour vous poser l'ambiance,
comme* Massacre à la tronçonneuse.
*Et d'autres, au contraire, qui cachent bien leur jeu.
Voici une liste de films à ne pas regarder avec les enfants,
et dont pourtant le titre peut être lu comme poétique ou surréaliste.
Imaginez…*

David Slade 2007 — *30 jours de nuit*

Sergio Martino 1978 — **le continent des hommes poissons**

Stephen Chiodo 1988 — Les Clowns tueurs venus d'ailleurs

Mitchell Lichtenstein 1988 — *Teeth : les dents de l'amour*

Ray Dennis Steckler 1964 — Les Créatures incroyablement étranges ayant cessé de vivre et devenues des zombies

La mort a pondu un œuf — **Giulio Questi 1968**

LE CORPS ET LE FOUET — **Mario Bava 1963**

Aux frontières de l'aube

Kathryn Bigelow
et Eric Red
1987

Douce nuit, sanglante nuit

Charles E. Sellier Jr.
1984

Les Yeux sans visage

Georges
Franju
1959

Quatre mouches de velours gris

Dario
Argento
1973

LA MORT CARESSE À MINUIT

Luciano
Ercoli
1972

L'Œil du labyrinthe

Mario
Caiano
1972

La Maison aux fenêtres qui rient

Pupi
Avati
1976

Un papillon aux ailes ensanglantées

Duccio
Tessari
1971

La Solitude des nombres premiers

Saverio
Costanzo
2010

11:11 : le Mal a un nouveau numéro

Michael
Bafaro
2004

Du noir & blanc
à la couleur

Le cinéma est né en 1895, en noir et blanc. Il lui a fallu plus d'une quarantaine d'années pour passer progressivement à la couleur. Ce fut surtout l'invention du Technicolor, que l'on trouve au cœur de l'esthétique de deux films aussi légendaires que Le Magicien d'Oz et Autant en emporte le vent, *qui imposa la couleur vers la fin des années 1930. Le noir et blanc fut encore régulièrement utilisé jusqu'au début des années 1960. Billy Wilder le choisit dans* Certains l'aiment chaud, *en hommage aux films noir des années 1930, et aussi pour que le travestissement en femmes des deux héros passe mieux à l'écran. Hitchcock le choisit pour* Psychose *afin d'éviter un rendu « gore » et parce qu'il avait un budget limité. C'est aussi pour des raisons d'économie que les premiers films de la nouvelle vague, comme* Les Quatre Cents Coups *et* Pierrot le fou, *sont en noir et blanc. De nos jours, ils sont très minoritaires, et ce choix s'explique toujours par des motifs esthétiques, autant dire qu'ils ne visent pas un public populaire, à l'exception du récent* The Artist.

ROUGE

L'Auberge rouge (version de 1951)
L'Aube rouge
Carton rouge
Les Chaussons rouges
Le Corsaire rouge
Délire rouge
Dragon rouge
La Ligne rouge
Moulin-Rouge
Le Petit Chaperon rouge
Planète rouge
Le Pull-over rouge
Rouge
Rouge comme le ciel
Le Violon rouge
À la poursuite d'Octobre rouge

NOIR

Chat noir, Chat blanc
Le Code noir
Le Dahlia noir
Le Grand Blond avec une chaussure noire
La Mariée était en noir
Le Narcisse noir
L'Oiseau noir
L'Or
La Peur du noir
Série noire
Le Trou noir
La Veuve noire
Papillon noir
Le Sang noir
Les Yeux noirs

**À lire ces titres, saurez-vous deviner
si les films sont en noir et blanc ou en couleur ?**

BLANC

Blanc
Blanche
Adèle Blanc-Sec
Calme blanc
Crin-Blanc
Carré blanc
Chat noir, Chat blanc
Croc-blanc
Blanc comme neige
L'Homme au complet blanc
Le Lion blanc
Mariage blanc
Laurier blanc
Le Ruban blanc

Réponses : La Mariée était en noir, L'Oiseau noir, La Peur du noir, Crin-Blanc, L'Homme au complet blanc, L'Auberge rouge (1951)

41

LES MUSES PARLENT

« Le cinéma, c'est l'art de faire faire de jolies choses à de jolies femmes »,
disait François Truffaut. Nombreux sont les réalisateurs qui, comme lui,
ont embrassé ce métier autant par amour du cinéma que par amour des femmes.
Les comédiennes ont souvent joué pour eux le rôle de la muse inspiratrice.
Lacan a dit : « Pour les hommes, l'amour, ça va sans dire ;
pour les femmes, ça ne va pas sans dire. »
Paraphrasant Lacan, on pourrait dire : « Pour les réalisateurs,
l'inspiration, ça va sans dire ; pour les muses, ça ne va pas sans dire. »
Donnons-leur, pour une fois, la parole.

Romy Schneider à propos de Claude Sautet, pour lequel elle
tourna *Les Choses de la vie, Max et les ferrailleurs,
César et Rosalie, Mado, Une histoire simple*

Il y a eu une telle collaboration entre Claude Sautet
et moi qu'il est difficile de dire s'il a contribué
à la création de mon personnage au cinéma ou
si je lui ai apporté les témoignages indispensables
pour donner une dimension humaine à ces femmes.
Dans *Une histoire simple*, tous mes problèmes et
toutes mes croyances se trouvent dans le film,
mais je n'aurai pu les exprimer sans l'aide
de Claude Sautet.
Il m'avait demandé de jeter un regard très profond
en moi, d'exprimer même tout ce que je n'avais
jamais voulu admettre. »

Louise Brooks à propos de Georg Wilhelm Pabst, pour lequel elle tourna *Loulou* et *Le Journal d'une fille perdue*

Comment Pabst avait décidé que je serais sa Loulou ?
Une Loulou sans prétention, avec une simplicité
enfantine dans le vice, faisait partie de la mystérieuse
alliance qui semblait exister entre nous. Avant même
que nous nous rencontrions, il ne savait rien de moi,
si ce n'est qu'il m'avait vue jouer un petit rôle
dans un film de Howard Hawks, Une fille dans
chaque port... À partir du moment où il réalisa que
toutes ses intuitions sur moi étaient justifiées, il pensa
qu'il m'avait créée. J'étais sa Loulou. »

Sandrine Bonnaire à propos de Maurice Pialat, pour lequel elle tourna *À nos amours, Police* et *Sous le soleil de Satan*

J'ai commencé à devenir actrice
à travers ma rencontre avec Maurice.
Par l'affection que je lui portais
et que je lui porte encore...
J'avais quinze ans et c'était un peu un
papa pour moi, alors je faisais le film
avec
beaucoup de facilité, ce n'était pas
vraiment un travail...
Lui était très bourru, avec des sautes
d'humeur très fortes.
Il y a des gens qui le considèrent comme
très méchant, mais c'était un homme qui
était très humain et très protecteur. »

Isabelle Hupert à propos de Claude Chabrol, pour lequel elle tourna *Violette Nozière, Une affaire de femmes, La Cérémonie, Madame Bovary, Rien ne va plus, Merci pour le chocolat, L'Ivresse du pouvoir*

Je pense que, de film en film, j'étais
devenue une sorte de double de lui,
de sa pensée, de ce qu'il avait envie
d'exprimer. Il ne me l'a jamais demandé
plus clairement qu'en me redemandant
de faire un nouveau film pour lui...
Il avait un mélange de froideur,
de drôlerie, une qualité d'observation.
Je pense que ce sont des choses qu'il
retrouvait chez moi, comme actrice.
Mais j'avais aussi le sentiment qu'il me
filmait comme si j'étais sa fille,
pas comme si j'étais un objet de désir,
à la différence de ce qui façonne le plus
souvent la relation entre un réalisateur
et une actrice. »

43

Variations
SUR LE THÈME D'ORPHÉE

*Depuis l'Antiquité, le mythe d'Orphée hante l'imaginaire
amoureux occidental, y compris au cinéma.
Quoi de plus envoûtant pour une femme qu'un musicien ?
Quoi de plus beau qu'un homme désespéré qui veut rejoindre
une femme aux enfers ? Quoi plus de classique que l'homme
qui s'y retrouve par la faute d'une femme ?
Quoi de plus banal qu'un homme qui regarde
une femme alors que c'est interdit ?*

Un célèbre poète traverse un miroir pour rejoindre sa femme morte.
il obtient qu'elle ressorte vivante du royaume de la mort, à condition de
ne jamais la regarder. Quand, par hasard, il la voit dans un rétroviseur,
elle disparaît à nouveau et à jamais.

Orphée, de Jean Cocteau

Une jeune campagnarde rencontre un danseur et musicien célèbre de
Rio. Elle meurt électrocutée au milieu de la transe du carnaval. Il la
retrouve, puis va se fracasser au pied d'une falaise.

Orfeu negro, de Marcel Camus

Un détective ne peut pas empêcher la femme qu'il surveille, et dont il est
tombé amoureux, de se suicider. Il croise son sosie, qu'il séduit et veut
rendre identique à la morte. Quand il découvre que le sosie, c'est elle, il
la reconduit à la mort.

Sueurs froides, d'Alfred Hitchcock

Un flic tombe amoureux de la morte sur l'assassinat de laquelle il enquête. Il s'endort en contemplant le tableau d'une beauté sublime qui la représente. Elle réapparaît, vivante.

Laura, d'Otto Preminger

Un musicien vagabond arrive dans une petite ville et devient l'amant de plusieurs femmes. L'une d'entre elles revit grâce à la passion amoureuse. Ils connaissent un destin tragique.

L'Homme à la peau de serpent, de Sydney Lumet

Dans le Hollywood des années 1950, un jeune scénariste est embauché par une ancienne grande star du muet pour l'aider à sortir du tombeau où l'a mise le cinéma parlant. Ils deviennent amants ; elle finit par le tuer.

Boulevard du crépuscule, de Billy Wilder

Un play-boy détruit la vie d'une femme : il est indirectement responsable de la mort de son mari puis la rend accidentellement aveugle. Plus tard, devenu chirurgien, il l'opère incognito et lui rend la vue.

Le Secret magnifique, de Douglas Sirk

Un infirmier, amoureux d'une jeune femme plongée dans un coma profond, la soigne en lui parlant. Une fois, il s'unit à elle. Elle tombe enceinte. Il se retrouve en prison pour viol. En accouchant d'un enfant mort-né, elle revient à la vie. Privé d'elle, il se tue.

Parle avec elle, de Pedro Almodóvar

Une chanteuse américaine qui a tous les hommes à ses pieds tombe amoureuse d'un mystérieux navigateur. C'est le Hollandais volant, condamné à vivre et à voguer éternellement pour avoir tué sa femme et défié Dieu. Elle accepte de se sacrifier pour qu'il échappe à sa damnation. Ils s'unissent dans la mort. (Orphée inversé)

Pandora, d'Albert Lewin

Le jeu blanc

Contrairement au théâtre, où les acteurs doivent jouer pour
être vus et entendus par tous les spectateurs et doivent donc amplifier
leurs gestes et leurs expressions, au cinéma, les comédiens peuvent avoir
un jeu très intériorisé. En plan moyen, tous leurs mouvements sont lisibles,
et les gros plans captent leur moindre expression.
C'est pour cette raison qu'au cinéma on n'aime pas les acteurs
qui ont un jeu théâtral et que des comédiens comme Jean-Louis Trintignant
ont parfois livré des interprétations admirables avec un jeu
qui semble inexpressif, un jeu « blanc ». Dans ces cas-là, le peu d'éléments
qui apparaissent sur le visage nous incitent à lire dans les regards,
à observer la moindre des expressions.

Voici des gros plans montrant Jean-Louis Trintignant dans
différents films. Ils ont été recadrés : rien ne nous permet
de deviner le contexte.
Serez-vous capable d'identifier les émotions que joue
son personnage à la seule expression de son visage ?

Devinez dans quelle scène le personnage éprouve :
- la surprise d'une révélation importante
- le choc d'une rupture
- le stress de l'attente amoureuse
- la crainte d'être manipulé
- la prise de conscience d'une trahison
- le désespoir
- l'émotion devant le spectacle d'une condamnée à mort
- le doute amoureux

Réponses aux pages suivantes…

1

2

3

4

5

6

7

8

LE JEU BLANC (SUITE)

avec Jeanne Moreau
dans *Mata-Hari, agent H21*
Il découvre que la femme qu'il
aime, et qui elle-même est tombée
amoureuse de lui, l'a approché
pour l'espionner.

avec Romy Schneider dans *Le Train*
Pendant l'exode de 1940,
il vient d'apprendre que
cette jolie Allemande est juive.

avec Fanny Ardant dans
Vivement dimanche
Il réalise que tous les indices
le désigneront comme meurtrier,
tandis qu'elle trouve celui qui
pourrait prouver son innocence.

avec Éléonora Drago
dans *Été violent*
Il se demande s'il a bien fait de rester
avec elle, alors qu'il aurait pu fuir
le danger allié.

avec Romy Schneider dans
Le Combat dans l'île
Elle le quitte car il est devenu
d'extrême droite.

avec Marie-Christine Barrault
dans *Ma nuit chez Maud*
Il attend sa réponse à sa demande
en mariage.

avec Dominique Sanda dans
Le Conformiste
Derrière elle, des hommes de main
venus l'éliminer. Il la regarde
le supplier sans réagir.

avec Monica Vitti dans
Château en Suède
Il se demande à quel petit jeu
elle joue avec lui.

Quelles que soient vos réponses, elles sont bonnes. En effet, vous avez attribué des émotions à Jean-Louis Trintignant en fonction de votre sensibilité. En réalité, la plupart des photos ne montrent aucune expression clairement identifiable. La raison est dans ce qu'on appelle « l'effet Koulechov ».

Lev Koulechov, cinéaste et théoricien russe du début des années 1920, fut le premier à prouver par l'expérience l'importance du montage.

Il conçut trois montages élémentaires. Dans le premier, le gros plan d'un visage d'homme est associé à un plan d'une assiette de soupe. Dans le deuxième, le même plan de visage neutre est associé à un plan montrant un cadavre. Dans le troisième, même visage encore, mais, cette fois, suivi d'un plan montrant un enfant.

Les trois montages furent montrés, chacun, à trois groupes de spectateurs. Chaque groupe lut sur le même visage trois expressions aussi différentes que la faim, le désespoir ou l'attendrissement.

Quand nous voyons deux images reliées par une simple succession, nous pensons toujours que la première est la cause de la seconde : c'est l'effet Koulechov.

Hitchcock a repris cette théorie, qui est au cœur de son cinéma. Il l'a racontée en plaisantant : « Imaginez James Stewart âgé regardant une mère et son bébé. Vous voyez le bébé, puis vous revenez à Stewart. Il sourit. M. Stewart est un gentil vieux monsieur. Retirez le bébé et mettez à la place une fille en bikini. Maintenant, Stewart est un vieux cochon ! »

CETTE TÊTE
ME DIT QUELQUE CHOSE

*Autrefois, le cinéma français respectait le principe formulé
par David O. Selznick qui veut que, chaque fois qu'un acteur
est à l'écran, il est le « premier rôle ». Aussi, les scénaristes ont,
pendant des décennies, écrits des rôles singuliers, courts mais riches
pour une famille de comédiens dits « seconds rôles ».
Des rôles parfois excentriques pour des acteurs qui ne l'étaient pas moins.
Ces visages d'acteurs français vous sont sans doute familiers,
il ne vous reste plus qu'à leur mettre un nom.
Sur trente têtes, quel est votre score ?*

1 · 2 · 3 · 4 · 5

11 · 12 · 13 · 14 · 15

21 · 22 · 23 · 24 · 2

1 Anne Alvaro • 2 Bernard Menez • 3 Carette • 4 Christine Boisson • 5 Dominique Pinon • 6 Marguerite
Moreno • 7 Pierre Larquey • 8 Vittorio Caprioli • 9 Paul Préboist • 10 André Pousse • 11 Jacques Rispal
12 Jean-Claude Dreyfus • 13 Jacques Balutin • 14 Jean-Louis Richard • 15 Julien Guiomar • 16 Michael
Lonsdale • 17 Roland Blanche • 18 Yves Alfonso • 19 Jean Bouise • 20 Gabriel Gerard • 21 Marie Dubois

Noel Roquevert
Saturnin Fabre
Carette
Aimos
Pierre Larquey
Pauline Carton
Marguerite Moreno
Raymond Bussières
André Pousse
Roland Blanche

Yves Alfonso
Charles Gerard
Jean Tissier
Jean Bouise
Paul Préboist
Jacques Rispal
Dominique Pinon
Jean-Claude Dreyfus
Julien Guiomar
Michaël Lonsdale

Anne Alvaro
Bernard Menez
François Chaumette
Marthe Villalonga
Marie Dubois
Jacques Balutin
Christine Boisson
Vittorio Caprioli
Robert Dalban
Jean-Louis Richard

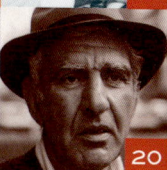

22 Marthe Villalonga • 23 Noël Roquevert
24 François Chaumette • 25 Pauline Carton
26 Raymond Bussières • 27 Saturnin Fabre
28 Jean Tissier • 29 Robert Dalban • 30 Aimos

Score ... / 30

51

Ils ont joué leur propre rôle

*Dans la famille des films qui jouent sur l'illusion du réel,
on trouve ceux où des comédiens jouent leur propre rôle.
Comme les films où l'on trouve des mises en abyme, beaucoup font référence
au monde du spectacle et ont un côté parodique, non dénué de gravité.*

Boulevard du crépuscule

Film cruel sur le Hollywood sans pitié et ses anciennes stars au crépuscule de leur vie. Buster Keaton fait une apparition dans le rôle du vieil et triste acteur comique. Gloria Swanson, star du muet déchue, joue Norma Desmond, star du muet déchue. Cecil B. DeMille joue son propre rôle de grand réalisateur dont la carrière dura cinquante ans. Erich von Stroheim, autre grand cinéaste du muet, mais blacklisté par Hollywood, joue le rôle d'un grand cinéaste du muet blacklisté. L'ironie est que von Stroheim avait dirigé Gloria Swanson en 1929 dans *Queen Kelly*.

Kiss me Stupid

Dean Martin joue le rôle d'un crooner grand séducteur et grand buveur, dont la célébrité commence à décroître… Exactement son portrait, qu'il joue avec beaucoup de désinvolture.

The Player

Un producteur d'Hollywood cherche à échapper aux conséquences du meurtre d'un scénariste. Plus de cinquante comédiens et comédiennes jouent leurs propres rôles (Robert Carradine, Cher, John Cusack, Peter Falk, Andie MacDowell, Julia Roberts, Bruce Willis, etc.).

Grosse Fatigue

Michel Blanc, comédien célèbre, découvre qu'il a un sosie, qui profite de cet état de fait pour abuser des femmes et cachetonner en faisant des animations dans les supermarchés. Michel Blanc joue son rôle et celui de son sosie. De très nombreux autres comédiens jouent leur propre rôle, en particulier ceux du Splendid, mais aussi Carole Bouquet, Philippe Noiret, Josiane Balasko, Charlotte Gainsbourg et Mathilda May.

Les Acteurs

Dans cette comédie biographique de Bertrand Blier, il y a une distribution impressionnante de comédiens qui apparaissent sous leur identité : Pierre Arditi, Jean-Paul Belmondo, Claude Brasseur, Jean-Claude Brialy, Alain Delon, Gérard Depardieu, André Dussollier, Jean-Pierre Marielle, Michel Piccoli, Michel Serrault, Jacques Villeret, etc.

Dans la peau de John Malkovitch

Un marionnettiste découvre un couloir qui le mène au cerveau de John Malkovitch. Une fois sur place, il se met à le diriger à sa guise.

Ma femme est une actrice

Dans ce film, le réalisateur Yvan Attal, compagnon de Charlotte Gainsbourg, explore la vie, les peurs et la jalousie de l'époux d'une comédienne célèbre convoitée par le public masculin.

Le Bal des actrices

Un cas particulier de faux documentaire sur le monde des actrices qui nous fait croire que Maïwenn filme la vraie vie de quelques actrices : Jeanne Balibar, Romane Bohringer, Julie Depardieu, Mélanie Doutey, Marina Foïs, Charlotte Rampling, Muriel Robin, Karin Viard. À ceci près que Karin Viard ne rêve pas plus de Hollywood que Marina Foïs de chirurgie esthétique : elles jouent, en leur nom, les clichés qu'on attribue aux actrices en général.

Autant en emporte le vent

Autre cas particulier, celui de Clark Gable jouant Rhett Butler. Cette fois, ce n'est pas l'acteur qui joue son rôle, mais l'homme qui se retrouve dans un personnage taillé sur mesure pour lui. En effet, Margaret Mitchell, l'auteur du roman, avait confessé qu'elle avait pris comme modèle la star de cinéma pour inventer son personnage, sans penser qu'il pourrait un jour l'incarner à l'écran. « Rhett Butler était grand, bâti en force, des épaules si larges, si musclées qu'elles en étaient presque trop fortes pour appartenir à un homme du monde. La blancheur animale de ses dents était rehaussée par une moustache noire coupée court. Il avait le teint hâlé d'un pirate, le regard d'un conquérant. »

LES LOGOS
DES MAJORS D'HOLLYWOOD

Au pays du marketing roi, chaque major se doit
d'avoir un logo bien identifiable. Beaucoup d'or et de ciels :
pas étonnant à Hollywood, la ville des étoiles…

PARAMOUNT

La montagne pyramidale est le plus ancien logo d'Hollywood.
La légende veut que la montagne provienne du griffonnage
d'un distributeur, lors d'une réunion de travail avec Adolph Zukor.
Elle évoquait un souvenir de son enfance dans l'Utah.

COLUMBIA

Columbia Pictures est fondé en 1919 par les frères Harry et Jack Cohn.
En 1924, afin d'améliorer leur image de producteurs de films à faibles
budgets, ils optent pour un logo symbolique : une guerrière romaine
portant un bouclier et une gerbe de blé. Quatre années plus tard,
la position de la femme est conservée, mais elle tient désormais
la lumière, telle une déesse, évoquant aussi la statue de la liberté.

WARNER BROS

Derrière le bouclier WB, c'est « Warner Brothers » qu'il faut entendre :
quatre frères immigrés juifs polonais qui fondent leur studio en 1923.
Ils peinent à attirer les meilleurs talents, jusqu'au moment où ils
produisent le premier long métrage parlant : *Le Chanteur de jazz*,
en 1927. Le succès leur permet d'intégrer le clan des majors.
Le logo connaît onze variantes à ce jour. Huit représentent le bouclier
sur un fond de ciel, comme la plupart des autres logos des majors.

20TH CENTURY FOX

Œuvre du célèbre peintre américain Emil Kosa, ce logo date de 1935. Curieusement, c'est à peu près à la même époque que Hitler commença ses grands meetings à Nuremberg en utilisant, lui aussi, des projecteurs éclairant le ciel, la nuit…

MGM

Le lion du logo est inspiré de celui des Lions, l'appellation des équipes sportives de l'université de Columbia. Il avait été choisi par Samuel Goldwyn pour sa société, Goldwyn Picture Corporation. Quand il s'associe avec Metro Pictures Corporation et Louis B. Mayer Pictures, le logo de la Metro Goldwyn Mayer garde le lion, mais il est désormais couronné de son nouveau titre.

UNIVERSAL

À la fin des années 1930, le propriétaire d'Universal était Howard Hughes, milliardaire excentrique passionné d'aviation, premier pilote à avoir fait le tour du monde en solitaire. Le logo de l'époque évoquait cet exploit : à la fin de chaque projection, un minifilm montrait un avion faisant le tour du globe.

DREAMWORKS

En 1994, Steven Spielberg, Jeffrey Katzenberg et David Geffen s'associent pour fonder un nouveau studio : DreamWorks. Leur logo est censé rappeler l'âge d'or d'Hollywood. Il y a débat : Spielberg le voudrait en image numérique, le directeur des effets spéciaux préférerait un dessin réalisé à la main. Ce dernier fait appel à un illustrateur de ses amis, Robert Hunt, qui prend son propre fils pour modèle… et obtient gain de cause.

LA FEMME FATALE

Pour incarner la mort, il y a dans presque toutes les cultures,
et depuis toujours, deux grandes figures : le squelette (avec ou sans faux)
et la jeune fille (laquelle, pouvant donner la vie, peut aussi donner la mort).
Dans les mythes, elle s'appelle Lilith ou Mélusine, elle prend la forme
d'une sirène ou d'une gorgone… Dans la littérature française,
c'est Manon Lescaut, Carmen, Milady ou Nana…
Ces « dames sans merci » sont toujours des séductrices.
On les retrouve sur les écrans, surtout dans les époques troublées
comme l'Allemagne des années 1920 ou l'Amérique d'après guerre.
Les films fourmillent de femmes qui fascinent les hommes
par leur pouvoir mortifère. Ce sont des manipulatrice perverses,
des femmes morbides et suicidaires qui se vengent des hommes.

LOUISE BROOKS
Loulou

MARLENE DIETRICH
L'Ange bleu
La Femme et le Pantin

GRETA GARBO
La Chair et le Diable

LANA TURNER
Le facteur sonne toujours deux fois

JEANNE MOREAU
La mariée était en noir

VIVIANE ROMANCE
La Belle Equipe

AVA GARDNER
Les Tueurs
La Comtesse aux pieds nus
Gilda
La Dame de Shanghai

GENE TIERNEY
The Shangai Gesture
Péché mortel

BARBARA STANWICK
Assurance sur la mort

SIMONE SIMON
La Féline

JEAN SIMMONS
Un si doux visage

JENNIFER JONES
Duel au soleil

MARILYN MONROE
Niagara

CATHERINE DENEUVE
Répulsion

GLENN CLOSE
Liaison fatale

KATHLEEN TURNER
La Fièvre au corps

SHARON STONE
Basic Instinct

ISABELLE ADJANI
Mortelle Randonnée

CHARLIZE THERON
Monster

JUSQU'À QUEL POINT LE CINÉMA COMPTE-T-IL POUR VOUS ?

C'est un petit jeu. D'abord, cachez le reste de cette page.
Essayez de trouver des titres de films comportant un chiffre,
si possible au début. Jusqu'à combien arrivez-vous ?
1984 ? 2001 ? 2046 ? Ou peut-être même one million, baby ?
De notre côté, sans sauter de chiffre, nous sommes arrivés à vingt-cinq.
Qui dit mieux ?

1 ange à ma table
Jane Campion

2 jours à Paris
Julie Delpy

Les
3 jours du Condor
Sydney Pollack

4 mariages et un enterrement
Mike Newell

5 femmes autour d'Utamaro
Kenji Mizoguchi

6 jours sept nuits
Ivan Reitman

7 ans de réflexion
Billy Wilder

8 Femmes
Francois Ozon

 **semaines et demi**
Adrian Lyne

 **jours ailleurs**
Vincente Minnelli

 **jours ensemble**
Basil Dean

 **Petits Nègres**
Peter Collinson

Les  **de Basse Pointe**
Camille Mauduech

 **long rifle**
John Gilling

 **mille verges**
Eric Lippman

 **fois Cécile Cassard**
Christophe Honore

À  **pas du mystère**
Henry Hattaway

 **hommes en colère**
Sidney Lumet

 **ans après**
Coline Serreau

 **heures de la vie d'une femme**
Dominique Delouch

 **à la douzaine**
Shawn Levy

 Kazushi Watanabe

La 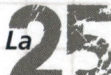**e Heure**
Henri Verneuil

 **juillet**
Rene Clair

 **Mille Lieues sous les mers**
Richard Fleischer

59

HOTEL
GRAND BAL
M. Edmond (Louis Jouvet)
J'ai besoin de changer d'atmosphère... et mon atmosphère : c'est toi !
Mme Raymonde (Arletty)
C'est la première fois qu'on me traite d'atmosphère ! Si j'suis une atmosphère, t'es un drôle de bled ! Oh la la... les types qui sont du milieu sans en être et qui cognent à cause de ce qu'ils ont été, on devrait les vider.
Atmosphère... atmosphère !
Est-ce que j'ai une gueule d'atmosphère ? Puisque c'est ça, vas-y tout seul à La Varenne... Bonne pêche et bonne atmosphère !

61

Révisez vos classiques !

Des répliques cultes. Des titres de films. À vous de faire le lien.
On ne vous met pas les solutions : par élimination, vous devinerez bien.
Sinon, pourquoi vous aurait-on offert ce livre en cadeau ?

« Je vais lui faire une offre qu'il ne refusera pas. » ❏

« Rosebud. » ❏

« J'ai dégusté son foie avec des fèves au beurre et un excellent chianti. » ❏

« Je reviendrai. » ❏

« Maman disait toujours : "La vie, c'est comme une boîte de chocolats, on ne sait jamais sur quoi on va tomber." » ❏

« La seule question à te poser, c'est de savoir si c'est ton jour de chance. Alors, fumier, c'est ton jour de chance, aujourd'hui ? » ❏

« Mère de miséricorde, est-ce donc la fin de Rico ? » ❏

« C'est la Belle qui a tué la Bête. » ❏

« Pour survivre à la guerre, il faut devenir la guerre. » ❏

« Aimes-tu les films de gladiateurs ? » ❏

« Ma mère est morte, m'sieur. » ❏

« Est-ce que tu as un pistolet dans ta poche ou est-ce que tu es content de me voir ? » ❏

« T'endors pas, c'est l'heure de mourir. » ❏

« Arrêtez les suspects habituels. » ❏

« Franchement, ma chère, c'est le cadet de mes soucis ! » ❏

« Vous êtes venu dans cette casserole ? Vous êtes plus brave que je ne le pensais. » ❏

« Vivre vite, mourir jeune et faire un beau cadavre. » ❏

« Les diamants sont les meilleurs amis de la femme. » ❏

« À quoi sert un terrain de golf ? À jouer au golf. Un court de tennis ? À jouer au tennis. Eh bien, un camp de prisonniers, ça sert à s'évader... » ❏

« Je suis désolé Dave. Je crains de ne pas pouvoir faire ça. » ❏

« Je sens que, ce soir, je vais conclure. » ❏

« Tu vois, le monde se divise en deux catégories : ceux qui ont un pistolet chargé et ceux qui creusent... Toi, tu creuses ! » ❏

☐ 2001 : l'Odyssée de l'espace
☐ Autant en emporte le vent
☐ Blade Runner
☐ Casablanca
☐ Citizen Kane
☐ Forrest Gump
☐ Je ne suis pas un ange
☐ King Kong
☐ Knock on Any Door
☐ L'Inspecteur Harry
☐ La Grande Illusion
☐ La Guerre des étoiles
☐ Le Bon, la Brute et le Truand
☐ Le Parrain
☐ Le Petit César
☐ Le Silence des agneaux
☐ Les Quatre Cents Coups
☐ Les bronzés font du ski
☐ Les hommes préfèrent les blondes
☐ Rambo 2
☐ Terminator 2
☐ Y a-t-il un pilote dans l'avion ?

Francis Veber
ou l'art du paradoxe

Un scénariste ne peut pas toujours se contenter de reprendre
de vieilles histoires. Il doit avoir des idées originales.
Il doit pouvoir produire ce que les Américains appellent
des « high concepts ». L'un des meilleurs moyens de trouver
un high concept *est d'exploiter un bon paradoxe*
pour lancer son histoire. Para, *en grec, signifie « contre »*
et doxa *« lieu commun ». Il s'agit donc de prendre*
le contre-pied d'un lieu commun.

EXEMPLES DE FICTIONS

KNOCK OU LE TRIOMPHE DE LA MÉDECINE de Jules Romain

DOXA : un médecin soigne les malades.
PARADOXE : un médecin rend malades des gens bien portants.

CRÉANCE DE SANG, roman de Michael Connelly, film de Clint Eastwood

DOXA : un flic qui a identifié un coupable met sa vie en danger, puisque le coupable ne veut pas se faire arrêter.
PARADOXE : le méchant sauve la vie du flic (en tuant un innocent dont le cœur pourra être greffé au flic, malade) afin que celui-ci puisse enquêter sur lui.

Ces deux exemples montrent que les deux genres majeurs du cinéma, la comédie et le polar, utilisent volontiers des high concepts paradoxaux. En France, nous avons un grand spécialiste des comédies : Francis Veber. Quand on analyse la structure narrative de ses films, pour la plupart des comédies policières, on se rend compte que le recours au paradoxe constitue son « truc » par excellence.

L'EMMERDEUR

DOXA : un tueur donne la mort.

PARADOXE : le tueur croise un désespéré qui veut se donner la mort. Il est contraint de lui sauver la vie.

LE JOUET

DOXA : de nombreux jouets représentent des êtres humains.

PARADOXE : un enfant gâté choisit un être humain comme jouet.

LA CHÈVRE

DOXA : les gens compétents sont recrutés pour réussir.

PARADOXE : un incompétent (malchanceux chronique) est choisi pour rechercher une jeune fille disparue, comme lui incroyablement malchanceuse. C'est parce qu'il est incompétent qu'il va s'avérer compétent.

LES FUGITIFS

DOXA : un braqueur veut toujours réaliser un dernier casse avant de se retirer.

PARADOXE : un braqueur, décidé à se réinsérer, se retrouve pris dans un braquage de banque commis par un désespéré. Les flics, victimes de la doxa, pensent que le braqueur est l'auteur du casse.

LE PLACARD

DOXA : il est difficile d'assumer son homosexualité dans la vie professionnelle.

PARADOXE : un homme prétend être homosexuel pour ne pas être licencié, et se défend comme membre d'une minorité opprimée.

LE DÎNER DE CONS

DOXA : les types intelligents dupent les cons.

PARADOXE : un type qui a réussi (un méchant con) organise un dîner pour se moquer d'un brave con. Il se retrouve le con de l'histoire.

LES FILMS IMPOSSIBLES

À côté de tous les films que vous avez vus, innombrables
sont les projets pour lesquels scénaristes, cinéastes ou producteurs
se sont battus sans arriver à les finaliser.
Les plus intéressants sont souvent des adaptations de romans,
de biographies ou d'événements historiques exceptionnels.

HERMAN MANKIEWICZ ET SA JUSTINE

Mankiewicz, le plus intellectuel des cinéastes
hollywoodiens, voulut adapter **Justine,** le premier
tome du **Quatuor d'Alexandrie,** de Lawrence Durrell.
Un film qui aurait été l'accomplissement de sa carrière,
où il aurait excellé dans l'art des points de vue
multiples et des flash-back. Il prit un an pour écrire
le scénario, mais, malheureusement, accepta de
réaliser **Cléopâtre** et porta le chapeau pour l'échec
commercial de la superproduction. Il perdit beaucoup
de son crédit et dut abandonner définitivement
Justine.

STANLEY KUBRICK ET SON NAPOLÉON

Pendant près de vingt ans, Stanley Kubrick rêva d'adapter la vie
de Napoléon. Au fil des ans, le casting changea : Jack Nicholson
fut pressenti pour le rôle titre, puis, vers la fin, Al Pacino.
Mais les crises financières de son producteur habituel (la MGM),
le coût et la longueur du tournage prévu ainsi que les échecs de
plusieurs films sur le même sujet l'empêchèrent de réaliser son rêve.

SERGIO LÉONE ET LES 900 JOURS DE LENINGRAD

Sergio Leone avait été fasciné par le récit d'un correspondant de guerre qui avait vécu le siège de Leningrad. La description de la vie des habitants, le froid, la famine, la mort et même le cannibalisme lui rappelaient **L'Enfer de Dante**. Il se battit pendant près de vingt ans pour convaincre les autorités russes de lui laisser monter le projet. Il finit par réussir, mais trop tard : il mourut peu avant le tournage prévu.

VISCONTI ET SA RECHERCHE DU TEMPS PERDU

Aristocrate italien, Luchino Visconti avait envie d'adapter le grand œuvre de Proust comme il l'avait fait pour **Le Guépard** de Lampedusa. Vu l'ampleur du roman, il s'était focalisé sur le rôle de Charlus dans **Le Temps retrouvé** et sur le moment où le narrateur décide de devenir écrivain. Malheureusement, des problèmes de production et de distribution ainsi qu'une forme d'indécision firent obstacle.

ABEL GANCE ET SON VOYAGE IMPOSSIBLE

Abel Gance était l'ami de Louis-Ferdinand Céline. Dès 1932, il envisagea une adaptation du **Voyage au bout de la nuit,** puis abandonna le projet un an plus tard. Lui succéderont pour réaliser cet impossible défi Claude Autant-Lara, Michel Audiard, Sergio Leone et Federico Fellini. Céline tenait beaucoup à ce que le **Voyage** soit adapté. En revanche, la plupart des adaptateurs doutaient de la validité du projet. Michel Audiard l'a dit clairement : « Moi, je suis ravi que le **Voyage** ne se soit jamais tourné... J'ai poussé des cris horribles à ce moment-là en disant que les producteurs étaient tous des abrutis de ne pas faire le **Voyage,** mais, Dieu merci, on ne l'a pas fait. On se ridiculisait pour la postérité. [...] La littérature, à ce niveau-là, on ne peut que la saloper. »

Une pinte de records

Les films totalisant le plus d'Oscars

Ben Hur, Titanic : **11 OSCARS**
Le Seigneur des anneaux (le retour du roi)

Le film commercial le plus long

Guerre et Paix, de Bondartchouk. Dans sa version russe (la plus longue),
il dure **8 HEURES ET 31 MINUTES.**

Le plus gros budget de cinéma

Avatar : **500 MILLIONS DE DOLLARS,**
dont **200 MILLIONS** pour la publicité.

Le film au plus grand nombre de figurants

Gandhi : ils sont plus de **300 000** dans la scène des funérailles.

Le plus gros dépassement proportionnel au budget

Titanic. Le budget initial de **110 MILLIONS DE DOLLARS**
est passé à **200 MILLIONS DE DOLLARS**
soit un dépassement de 80 %.

Le plus long plan-séquence

Time Code, de Mike Figgis, est composé de quatre plans-séquences simultanés,
qui ont la durée du film, soit **1 HEURE ET 30 MINUTES.**

Le plus grand nombre de prises pour une scène

Lors d'une scène de combat impliquant un jeu de badminton dans *Dragon Lord*,
Jackie Chan a été obligé de filmer la scène plus de **2 900 FOIS**.

Le plus grand nombre de rushes

Pour *La Porte du paradis*, de Michael Cimino,
220 HEURES de rushes ont été répertoriées.

Le plus de prix d'interprétation

Indigènes, **TOUS** les comédiens ont reçu le prix d'interprétation au Festival de Cannes.

Le plus petit pourcentage de personnages masculins

Femmes, de George Cukor. Le casting est **EXCLUSIVEMENT** féminin.

Le plus de récompenses pour le pire film

Showgirl, de Paul Verhoeven. Lors des Razzie Awards, une parodie des récompenses de cinéma,
le film a reçu, entre autres, les prix du **PIRE** film, du **PIRE** scénario, du **PIRE** acteur,
de la **PIRE** actrice, de la **PIRE** bande originale, du **PIRE** réalisateur…

Le meilleur rapport budget de production/nombre de salles de diffusion

Donoma, de Djinn Carrenard.
Avec un budget de **150 EUROS**, il est sorti dans **26 SALLES**,
y compris au Grand Rex.

PARIS RÉUSSIS

*Quand un film est devenu culte, rétrospectivement,
on a tendance à imaginer qu'il devait réussir. Pourtant, certains
succès du cinéma ont été des paris très risqués. La plupart du temps,
leurs concepteurs ont été à la fois très aventureux – misant leur argent,
leur carrière, leur santé même – et obsessionnellement méthodiques
pour ne rien laisser au hasard, hasard trop souvent néfaste.*

RECETTE* : 13 463 948 245 $

Autant en emporte le vent

D'un roman celebrissime, toute l'Amerique attendait avec inquietude l'adaptation du producteur David O.Selznick. « Un film sur la guerre de Secession a toujours fait un flop », prédisait-on à Hollywood. Pourtant, le film fut un immense succès. Le casting y est pour beaucoup : Clark Gable avait inspire à Margaret Mitchell le personnage de Rhett Butler, et Scarlett O'Hara fut jouee par Vivian Leigh, qui n'était ni du Sud, ni même americaine, mais anglaise.

RECETTE : 225 000 000 $

Rocky

Une réussite impressionnante pour un film joue par un comédien inconnu du public, et qui n'a coûte que 1,1 million de dollars. L'idee de Stallone, l'auteur unique du scénario, etait de faire un film pour le public populaire americain blanc, lasse de ne voir que des Noirs comme champions de boxe poids lourd. Le personnage de Rocky s'inspire du boxeur quasi inconnu Chuck Wepner, qui tint tête pendant quinze rounds à Muhammad Ali. Les producteurs voulaient qu'une star joue le rôle-titre, mais Stallone n'accepta de vendre son scénario qu'à condition de jouer lui-même.

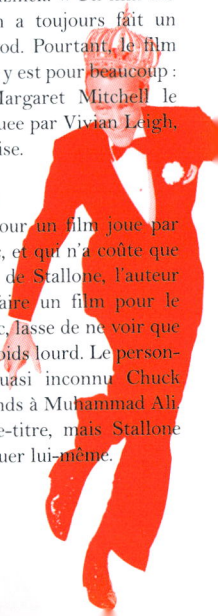

RECETTE : 1 287 870 000 $

Forrest Gump

La productrice mit dix ans à monter le film. Personne à Hollywood ne croyait au succès d'un film ayant pour heros un benêt.

RECETTE : 1 446 484 000 $

Star Wars : la menace fantôme

Projet porte à bout de bras par George Lucas, l'auteur du premier scenario, et qui était à l'epoque un jeune realisateur et producteur independant en lutte contre les majors de Hollywood. Certains pensent qu'il se prenait pour le Jedi luttant contre Dark Vador. D'autres font remarquer que Lucas, l'ancien Jedi, est devenu un Dark Vador dans sa façon de faire du business cinématographique…

RECETTE : 3 195 569 945 $

Titanic

Un film ambitieux, dont le tournage grandiose fit quasiment doubler le budget initialement prévu, et qui faillit faire un flop. Pourtant, le succès n'est pas dû à la remarquable qualite des scènes d'action ni à la beauté tragique du naufrage, mais au fait que Cameron avait intelligemment pensé le scénario, à partir d'une recette très simple : mettre Roméo et Juliette dans un bateau. C'est grâce à cette bluette que des lycéennes sont allées le voir des dizaines de fois, sauvant ainsi un film qui aurait pu filer droit vers son naufrage.

* Les chiffres indiques correspondent aux recettes dites « corrigees », c'est-à-dire prenant en compte l'inflation.

Paris perdus

On a vu qu'il était impossible de garantir un succès.
En revanche, certains grands échecs semblent plus prévisibles.
Souvent, leurs auteurs, enivrés par de précédents succès, se croient
affranchis de toute limite. Tels de modernes Icares, ils se laissent emporter
par des projets qui se désarticulent en s'approchant du soleil de la gloire.
Ils s'écrasent et, presque toujours, ne s'en relèvent pas.

Billy Wilder, qui enchaînait les succès, fit le pari de realiser une comedie debridée se déroulant à Berlin en 1961. Le film renvoyait dos à dos les règlements communistes et le libéralisme capitaliste. Malheureusement, le mur de Berlin fut construit pendant le tournage. À la sortie, le public n'avait pas le cœur à rire sur un tel sujet.

Le tournage fut catastrophique par manque de preparation et par méconnaissance des conditions de tournage. Francis Ford Coppola le dit lui-même : « *Apocalypse Now* n'est pas un film sur le Viêt Nam, c'est le Viêt Nam. Et la façon dont nous avons realise *Apocalypse Now* ressemble à ce qu'etaient les Américains au Viêt Nam. Nous étions dans la jungle, nous étions trop nombreux, nous avions trop d'argent, trop de matériel et, petit à petit, nous sommes devenus fous. »

Ce film voulait réintroduire le film d'auteur à Hollywood. Malgré l'énorme budget alloue (40 000 000 $), il fut un tel echec (3 500 000 $ de recettes) que le film d'auteur y est desormais banni. Par ricochet, on ne produit quasiment plus de westerns, et Michael Cimino a allonge la liste des cinéastes maudits d'Hollywood.

Trois types de films sont légendairement frappes de malédiction au tournage : ceux qui sont tournes sur ou dans l'eau, ceux qui font jouer des enfants et ceux qui font intervenir des animaux. Kevin Kostner, qui avait triomphé de la malédiction du tournage avec les animaux dans *Danse avec les loups*, a ose affronter la malediction de l'eau. Avec, comme handicap, un scenario mal ficelé. Le tournage fut catastrophique et la sortie un echec commercial retentissant. Les 175 000 000 $ de budget furent loin d'être amortis.

Contrairement à ce qu'elle s'etait toujours promis, Sharon Stone a repris le rôle qui l'avait rendu celèbre. Elle a eu tort, car le film a souffert de ce que les Américains appellent crûment le « *bitch be old syndrom* », soit « syndrome de la pute fatiguee ». Ce qui excitait les spectateurs des années 1990 les faisait bâiller quinze ans plus tard…

Waterworld

Basic Instinct 2

HOLLYWOOD :
L'ENVERS DU DÉCOR

Le grand romancier Faulkner écrivit pour Hollywood des scénarios qui lui permettaient de gagner un argent que ne lui apportaient pas ses romans. Ce fut lui, le premier, qui compara Hollywood à des mines de sel. Quelques citations qui parlent méchamment du métier, des recettes, de la concurrence…

« Hollywood est l'endroit où vous ne gagnez, pour des choses dont vous n'avez pas besoin, pour impressionner des gens que vous n'aimez pas. » **Ken Murray**

« Hollywood ? C'est une usine où l'on fabrique dix-sept films sur une idée qui ne vaut même pas un court-métrage. » **Woody Allen**

« Si mes livres avaient été plus mauvais, je n'aurais pas été invité à Hollywood. S'ils avaient été meilleurs, je ne serais pas venu. » **Raymond Chandler**

« Chaque pays a le cirque qu'il mérite. L'Espagne a la corrida. L'Italie a l'Église catholique. L'Amérique a Hollywood. » **Erica Jong**

« Hollywood est un endroit où un homme peut recevoir un coup de couteau dans le dos en grimpant à une échelle. » **William Faulkner**

« Hollywood a toujours été une cage. Une cage pour attraper nos rêves. » **John Huston**

« Si Dieu ne détruit pas Hollywood Boulevard, il doit des excuses à Sodome et Gomorrhe. » **Jay Leno**

« Hollywood adore le succès, cette déesse putain dont le sourire cache son goût du sang. » **Hedda Hopper**

« Hollywood, une ville où des gens inférieurs ont le moyen de faire que les gens supérieurs se sentent inférieurs. » **Dudley Field Malone**

75

Du roman au scénario

Tous les producteurs et de nombreux cinéastes aiment les scénarios adaptés de romans : la bonne histoire est déjà là et, souvent, elle jouit d'un certain renom. Mais l'adaptation est un travail créatif en soi, qui prend de nombreuses libertés. Par exemple, Les Grandes Manœuvres *de René Clair reprend l'intrigue des* Liaisons dangereuses, *mais en éliminant les personnage de Madame de Merteuil et de Cécile de Volanges, ce qui a permis à René Clair de dissimuler son larcin.*

Voici une liste d'adaptations célèbres. Saurez-vous devinez si les scènes mentionnées viennent directement du roman ?

Le happy end de *Sailor et Lula*

À sa sortie de prison, Sailor prend Lula dans ses bras et lui chante *Love Me Tender*. Est-ce dans le roman ?

RÉPONSE

Non. Dans le roman, à la fin, Sailor quitte Lula, mais Lynch a trouvé ça déprimant et invraisemblable, compte tenu de ce qui liait les amants.

La scène du nu du *Mépris*

La première scène du *Mépris* est célèbre : Brigitte Bardot nue, allongée sur le ventre, détaille son corps des pieds à la tête et demande à Michel Piccoli s'il aime ses pieds, ses genoux, ses cuisses, ses fesses, ses seins... Est-ce de la littérature ?

RÉPONSE

Non. L'idée est venue à Jean-Luc Godard la veille du tournage, comme réponse ironique à la demande que lui faisait son producteur d'exploiter le *sex-symbol* BB avec une scène de nu.

Psychose :
la scène de la douche

La scène de meurtre sous la douche qui a rendu le film célèbre est-elle tirée du roman ?

RÉPONSE

Encore non, c'est une trouvaille du scénariste de Hitchcock. Dans le roman, la femme, qui n'a pas volé l'argent de son patron, est « simplement » décapitée.

Orange Mécanique :
l'arrivée d'Alex
à la prison

Alex arrive à la prison où il va purger sa peine. Il se dit avec désinvolture qu'il va faire tourner les gardiens en bourrique. Mais il tombe sur un gardien qui lui hurle dans les oreilles et lui fait subir une série de vexations humiliantes. Est-ce dans le roman ?

RÉPONSE

Non, la scène est de Kukrick : on y retrouve son obsession pour la déshumanisation dans l'organisation des sociétés.

Le Parrain 3 :
l'assassinat final
de la fille Corleone

Une scène baroque clôt la trilogie. Des mafieux siciliens arrosent à la mitraillette le clan Corleone à la sortie de l'opéra de Palerme. La fille de Michael et Kay est tuée. Est-ce ainsi dans le roman de Mario Puzo ?

RÉPONSE

Non. Coppola a pensé que, si Michael et Kay mouraient ensemble à l'image, ils seraient éternellement unis dans la mort... Il a préféré les séparer définitivement dans la vie en tuant leur fille.

Gatsby le Magnifique :
les pleurs de Daisy

Dans une scène intrigante, Daisy pleure sur les chemises de Gatsby, dont la beauté la bouleverse. Est-ce dans le roman ?

RÉPONSE

Toujours pas. L'idée vient de Coppola, pour montrer à quel point Daisy, la femme pour laquelle Gatsby est prêt à tout, est superficielle.

Les jambes
des femmes
sont des compas
qui arpentent
le globe terrestre
en tous sens,
lui donnant
son équilibre
et son harmonie.

L'Homme qui aimait les femmes

COMMENT FAIRE
UNE DÉCLARATION D'AMOUR
COMME AU CINÉMA ?

Lui : T'as de beaux yeux, tu sais...
Elle : Embrassez-moi.

LE QUAI DES BRUMES

Lui : J'étais là, dans cette église, et je me suis
rendu compte que, pour la première fois de ma
vie, j'étais amoureux fou d'une seule personne.
Et ce n'est pas celle qui était en face de moi
dans sa robe. C'est la personne en face de moi
en cet instant... sous la pluie.
Elle : Il pleut encore ? Je ne m'en étais pas
rendu compte.

QUATRE MARIAGES ET UN ENTERREMENT

Lui : J'ai décidé que ma vie était trop simple.
Je veux vraiment la compliquer... avec toi.

SIX JOURS, SEPT NUITS

Lui : Descendez rien qu'une minute.
Elle : Une minute, ce n'est pas assez.
Lui : Alors, une heure.
Elle : Je ne peux pas.
Lui : Alors, l'eternite.

WEST SIDE STORY

Lui : *Vous êtes une femme sans cœur, mais ça fait partie de votre charme.*

AUTANT EN EMPORTE LE VENT

Elle : C'est drôle, on dirait que vous avez couru.
Lui : Oui, après vous.
Elle : Après moi et vous venez à ma rencontre ?
Lui : Mais justement. Je vous ai vue tout à l'heure. Alors, vous comprenez...
Le choc, l'émotion, le temps de me décider et vous étiez déjà loin. Alors...
Elle : Alors ?
Lui : Alors, comme j'ai horreur de suivre une femme, j'ai couru pour vous dépasser et précisément venir à votre rencontre. Et maintenant, je ne vous quitte plus. Où allons-nous ?

LES ENFANTS DU PARADIS

Elle : Où est la Bête ?
Lui : La Bête n'est plus. C'était moi. [...] L'amour peut faire qu'un homme devienne bête. L'amour peut faire aussi qu'un homme laid devienne beau.

LA BELLE ET LA BÊTE

Elle : Pourquoi êtes-vous dans ma chambre ?
Lui : Parce que c'est la vôtre...

SLEEPY HOLLOW

81

Les succès inattendus du cinéma français

Régulièrement, un film sorti sur les écrans
sans trop de battage publicitaire rencontre un succès inattendu.
Les producteurs sont incapables de prévoir ce genre de succès.
Ils ont souvent l'œil dans le rétroviseur : imiter le dernier succès.
Ou alors ils exigent des auteurs qu'ils injectent les huit éléments indispensables,
selon Hollywood, pour faire d'un film un succès : suspense, espoir,
violence, rire, cœur, nudité, sexe et happy end. À l'exception du happy end,
ces recettes n'expliquent en rien le succès des films ci-dessous.
En revanche, on peut dégager des constantes : l'histoire montre un problème
d'ordre social qui nous inquiète et des personnages qui en triomphent.

Trois hommes et un couffin

C'est seulement après l'avoir vu triompher aux Cesars en 1985
que le public fit un succès au film, qui fit plus de 10 millions d'entrées.
Il repondait à une problématique recente, les « nouveaux pères »,
les trois hommes etant confrontes à des tâches attribuees depuis
toujours aux femmes.

Le Grand Bleu

En 1988, **Le Grand Bleu** a ete vu par 10 millions de spectateurs,
alors qu'il parlait d'un sport très confidentiel et qu'il avait été mal
reçu au Festival de Cannes. On a cherche à expliquer son succès
auprès du public jeune en evoquant la dimension regressive du film :
coupure de tout lien social, immersion prolongee, privation
d'oxygène comme source d'extase… Plutôt que de rêver de
revolution, comme le fait souvent la jeunesse insatisfaite, celle de la
fin des annees 1980 fantasmait un retour dans la matrice originelle.

Les Choristes

À l'époque où al-Quaid menaçait la France, et où la guerre en Irak battait son plein, 8,5 millions de spectateurs français sont allés voir **Les Choristes.** Quel reconfort de voir la vie de pauvres enfants sauves par un bon maître qui leur sacrifie tout ! Sans oublier la musique, qui, on le sait, adoucit les mœurs...

Bienvenue chez les Ch'tis

Le film a rencontre un immense succès public : plus de 20 millions de Français l'ont vu en salle.
Le film date de 2008, epoque d'avant la crise due à la speculation boursière, epoque où l'individualisme capitaliste pretendait detenir la seule verite economique, epoque où la politique en France etait incarnee par un president bling-bling.
Le public a probablement aime qu'on lui raconte la vie très quotidienne, très humaine et chaleureuse de petits fonctionnaires.

Des hommes et des dieux

Le plus impensable des succès, selon les critères des producteurs. Comment prevoir qu'un film racontant les derniers jours de moines qui vont être tues par des terroristes islamistes puisse être vu par plus de 3 millions de spectateurs ?
Mais des hommes prêts à mourir pour leur foi et pour être dignes de la confiance de la population locale donnent un exemple magnifique à une societe en perte de valeurs...

Les meilleures répliques de Woody Allen

La dernière fois que j'ai pénétré une femme, c'était la statue de la Liberté.

Il m'a demandé si je trouvais que l'amour physique était sale, je lui ai répondu : « Oui, si on le fait bien. »

Je suis vieux jeu, je ne crois pas aux relations extraconjugales. Je pense que les gens devraient s'accoupler pour la vie, comme les pigeons et les catholiques.

Le sexe sans l'amour est une expérience qui n'a aucun sens, mais en tant qu'expérience qui n'a aucun sens, c'est vraiment super.

Je suis un excellent amant, parce que je m'entraîne beaucoup tout seul.

A la maison, je suis le patron. Ma femme ne fait que prendre les décisions.

Je ne suis pas sûr que mes parents m'aimaient. Ils ont mis un ourson vivant dans mon berceau.

Quand j'ai été kidnappé, mes parents ont réagi très vite. Ils ont loué ma chambre.

Pour vivre centenaire, il faudrait abandonner toutes les choses qui donnent envie de vivre centenaire.

Je ne veux pas atteindre l'immortalité par mon travail. Je veux l'atteindre en ne mourant pas.

Je n'ai pas peur de mourir, simplement je ne veux pas être là quand ça arrivera.

La vie est pleine de misères, de solitude, de souffrance. Et elle est beaucoup trop courte.

Si vous voulez faire rire Dieu, confiez-lui vos projets.

J'ai pris un cours de lecture rapide et j'ai lu *Guerre et Paix* en vingt minutes. Ça parle de la Russie.

Mon seul regret dans la vie est que je ne suis pas quelqu'un d'autre.

La vie n'imite pas l'art, elle imite la mauvaise télévision.

Quand j'écoute du Wagner, ça me donne envie d'envahir la Pologne.

L'argent est préférable à la pauvreté, ne serait-ce que pour des raisons financières.

Les meilleures répliques de Michel Audiard

Alors, y dort le gros con ? Ben y dormira encore mieux quand il aura pris ça dans la gueule. Y va entendre chanter les anges. Je vais le renvoyer direct à la maison mère, le gugusse de Montauban ! Au terminus des prétentieux !

Les Tontons flingueurs

Un pigeon, c'est plus con qu'un dauphin, d'accord... mais ça vole !
Faut pas prendre les enfants du bon Dieu pour des canards sauvages

La justice, c'est comme la Sainte Vierge : si on la voit pas de temps en temps, le doute s'installe !

Pile ou face

Deux intellectuels assis vont moins loin qu'une brute qui marche.
Un taxi pour Tobrouk

Tu sais, quand des types de 130 kg disent certaines choses, ceux de 60 kg les écoutent.

100 000 dollars au soleil

– Ton père et moi, tu nous feras mourir de chagrin.
– Tant mieux. Comme ça, on ne trouvera pas l'arme du crime.
Mélodie en sous-sol.

Dans les situations critiques, quand on parle avec un calibre bien en pogne, personne ne conteste plus. Y a des statistiques là-dessus.
Mélodie en sous-sol

Quand on parle pognon, à partir d'un certain chiffre, tout le monde écoute.
Le Pacha

Quand on mettra les cons sur orbite, t'as pas fini de tourner.
Le Pacha

– Il y a des patrons de gauche, je tiens à vous l'apprendre.
– Il y a aussi des poissons volants, mais ils ne constituent pas la majorité du genre.

Le Président

– Qu'est-ce qu'on peut bien faire avec 6 milliards ?
– Rien ! C'est ça l'agrément, ça permet de plus rien foutre !
Les Morfalous

Je suis ancien combattant, militant socialiste et bistrot. C'est dire si, dans ma vie, j'ai entendu des conneries.
Un idiot à Paris

Heureux soient les fêlés, car ils laisseront passer la lumière.
Un idiot à Paris

Les cons, ça ose tout, c'est même à ça qu'on les reconnaît.
Les Tontons flingueurs

QUEL TYPE DE CINÉPHILE ÊTES-VOUS ?
TEST INÉDIT INSPIRÉ DU MAGAZINE ELLE ET DE DELEUZE

*Pour ne plus être victime des bandes-annonces et être sûr(e) de choisir
le bon film pour vous la prochaine fois que vous irez au cinéma, faites ce test.*

Quel type de personnage préférez-vous ?
* ✴ Sportif et n'ayant pas froid aux yeux.
* ▼ Observateur et réfléchi.
* ❀ Sensible et à l'écoute.
* ❂ Très présent et qui obéit à ses envies.

Vous craquez pour lui. Mais pourquoi ?
* ▼ Il voit tout et plaisante avec un humour discret.
* ❀ Il a souffert mais a décidé de vivre.
* ✴ Il agit efficacement pour atteindre ses objectifs.
* ❂ Il veut tout tout de suite.

Votre cinéaste préféré parmi ceux-ci ?
* ❂ Rainer Werner Fassbinder (ou François Ozon)
* ✴ James Cameron
* ▼ Theo Angelopoulos
* ❀ Pedro Almodóvar

Votre film préféré parmi les suivants ?
* ▼ *Le Crime de l'Orient-Express*
* ❀ *Parle avec elle*
* ❂ *Basic Instinct*
* ✴ *Indiana Jones*

Parmi ces héros de séries télé, votre préféré ?
* ▼ Gregory House de *Dr House*, le cérébral
* ✴ Jack Shephard de *Lost*, l'aventurier
* ❀ Patrick Jane de *The Mentalist*, le gentil
* ❂ Don Drapper de *Mad Men*, le séducteur

Vous avez dîné avec plusieurs intellectuels.
Vous avez un faible pour le spécialiste…

- ✪ de la psychanalyse ?
- ✶ de la pragmatique ?
- ▼ des sciences cognitives ?
- ✪ de l'intelligence émotionnelle ?

Avec vous, une relation est toujours…

- ✪ fusionnelle ?
- ✪ assez rebelle ?
- ▼ analysée ?
- ✶ un peu conflictuelle ?

Pour vous, quel lieu choisiriez-vous pour une séquence forte ?

- ✪ Une terrasse au soleil où sèchent des draps
- ✶ Une banque
- ▼ Un lieu mystérieux
- ✪ Un hôpital

Le type de scènes que vous n'aimez pas ?

- ▼ Les scènes de larmes
- ✪ Les scènes d'information
- ✪ Les scènes où un personnage est coincé
- ✶ Les scènes où les personnages sont indécis

Le type de scènes que vous aimez ?

- ✪ Quand un personnage pénètre dans un lieu interdit et les évasions
- ✶ Les bagarres.
- ▼ Quand tout passe par le jeu des acteurs.
- ✪ Les confessions intimes, les scènes de larmes.

D'après vous, quel accessoire est le plus utile au personnage principal ?

- ▼ Un détecteur
- ✪ Un mouchoir
- ✪ Une tenue provocante
- ✶ Un revolver

Quel type de cadrages préférez-vous ?

- ▼ Les plans larges et les panoramiques
- ✪ Le cadre dans le cadre
- ✶ Les plans rapprochés
- ✪ Les plans américains et les travellings

Un peu de Deleuze
avant les résultats du test
des pages précédentes

Gilles Deleuze, dans son livre *L'Image-mouvement,* explique qu'un film est un mélange de quatre types d'images, qui induisent quatre types d'attitudes, de la part du spectateur. En général, les réalisateurs et les spectateurs ont une préférence pour un certain type d'images.

IMAGE-PERCEPTION

Le spectateur est amené à regarder attentivement l'image afin d'y déceler les traces de ce qui vient de se passer ou des indices qui lui permettront d'anticiper.

IMAGE-AFFECTION

Le spectateur est ému par la situation, heureuse ou (le plus souvent) malheureuse, que vivent les personnages.

IMAGE-PULSION

Le spectateur est happé par le jeu des désirs contrariés des personnages qui se heurtent à des interdits.

IMAGE-ACTION

Le spectateur suit les actions audacieuses entreprises par le protagoniste pour atteindre son objectif ou pour se défendre contre l'antagoniste.

Deleuze prend l'exemple d'une séquence de western.

IMAGE-PERCEPTION

En plan large, un cow-boy regarde. Manifestement, il cherche quelque chose est-ce qu'il y a des Indiens ?

IMAGE-ACTION

Des Indiens apparaissent au sommet de la colline. Ils descendent au galop. Les cow-boys font le cercle avec leurs chariots, puis ils tirent avec leurs fusils sur les Indiens, qui leur envoient des flèches. Tous sont filmés en plan moyen.

IMAGE-AFFECTION

Le cow-boy du début reçoit une flèche dans l'épaule gros plan sur l'expression douloureuse de son visage.

IMAGE-PULSION

Une jeune femme avenante retire la flèche de l'épaule du cow-boy, déchire sa chemise et le panse.
Elle se penche vers la blessure qui saigne. Le cow-boy est troublé. Il regarde les lèvres de la femme, puis aperçoit son alliance.

IMAGE-PERCEPTION à nouveau

Un plan large montre un homme au physique quelconque qui observe la scène, suspicieux. C'est le mari de l'infirmière improvisée. Un petit signe du cow-boy indique qu'il a compris. La femme est « chasse gardée ».

Résultats du test

Si vous avez répondu majoritairement…

▼ Vous êtes fait(e) pour les films où domine l'image-perception : les histoires mystérieuses et les enquêtes.

✳ Vous êtes fait(e) pour les films où domine l'image-affection : les films qui séparent les personnages qui s'aiment et unissent les personnages qui se détestent.

✪ Vous êtes fait(e) pour les films où domine l'image-pulsion : les films sur les désirs, les interdits, les châtiments et les rédemptions.

✳ Vous êtes fait(e) pour les films où domine l'image-action : les films… d'action.

Maledictions en Egypte, benediction pour Hollywood

*Comment éviter l'ennui du spectateur ? En plongeant les personnages, eux,
dans les ennuis. Or, quel plus gros ennui qu'une catastrophe naturelle ?
Selon Cecil B. DeMille, « avec deux pages de la Bible, on peut faire un film ».
Relisons les dix plaies d'Égypte sous cet angle…*

1 • Les eaux tranquilles qui deviennent destructrices

« [...] toutes les eaux du fleuve furent changées
en sang. Les poissons qui étaient dans le fleuve
moururent, le fleuve devint infect, les Égyptiens
ne pouvaient plus boire de l'eau du fleuve »
Exode 7:20-21

La Grande Inondation, de Tony Michell
The Last Day, de Yun Je-guyn
*Gasland, le scandale
de l'eau empoisonnée*, de Josh Fox

2. La pluie de grenouilles ou d'autres animaux

« les grenouilles
montèrent et recouvrirent
l'Égypte » Exode 8:2

Magnolia, de Paul Thomas Anderson (pluie de grenouilles)
Wonderful World, de Joshu Goldin (pluie de poissons)

3. L'invasion de moustiques et autres insectes nuisibles

« [...] les moustiques furent sur
les hommes et sur les animaux.
Toute la poussière du sol fut
changée en moustiques, dans tout
le pays d'Égypte. » Exode 8:12-13

The Mosquito Coast, de Peter Weir
L'Île des insectes mutants, de Jack Perez
La Guerre des insectes, de Peter Kassowitz
Les Insectes de feu, de Jeannot Szware
The Black Scorpion, d'Edward Ludwig
The Hive – La menace des fourmis tueuses, De Peter Manus

4. L'invasion de bêtes jusque dans les maisons

« [...] il vint une multitude de scarabées
dans la maison de Pharaon et de ses
serviteurs, et tout le pays d'Égypte fut
ravagé par les scarabées. » Exode 8:20

Arachnophobia, de Frank Marshall
Des monstres attaquent la ville, de Gordon Douglas
L'Armée des scorpions géants, de Joseph Conti
La Mouche, de David Cronenberg

5. LA MORT DES TROUPEAUX NOURRICIERS

« [...] la main de Yahweh sera sur tes troupeaux qui sont dans les champs, sur les chevaux, sur les ânes, sur les chameaux, sur les bœufs et sur les brebis, ce sera une peste très meurtrière. » Exode 9:3

Scarlet River, d'Otto Brower
Agent orange, de John Trinh

6. LA MALADIE QUI DÉCIME LES FOULES

« Hommes et bêtes furent couverts d'ulcères bourgeonnant en pustules. » Exode 9:10

Alerte, de Wolfgang Petersen
Je suis une légende, de Francis Lawrence
Contagion, de Steven Soderbergh
Invasion, d'Olivier Hirschbiegel

7. LA GRÊLE MÊLÉE DE FEU ET, PAR EXTENSION, LE CYCLONE OU LA TORNADE

« Il tomba de la grêle et du feu mêlé à la grêle [...]. La grêle frappa, dans tout le pays d'Égypte, tout ce qui était dans les champs, depuis les hommes jusqu'aux animaux ; la grêle frappa aussi toutes les herbes des champs et brisa tous les arbres des champs. » Exode 9:23-25

Twister, de Jan de Bont
Typhon sur Nagasaki, d'Yves Ciampi
Cadet d'eau douce, de Buster Keaton

8. L'INVASION D'ÊTRES VOLANTS

« Elles couvrirent la surface de toute la terre, et la terre en fut assombrie ; elles dévorèrent toutes les plantes de la terre et tous les fruits des arbres, tout ce que la grêle avait laissé, et il ne resta aucune verdure aux arbres ni aux plantes des champs dans tout le pays d'Égypte. » Exode 10:15

Les Oiseaux, d'Alfred Hitchcock
Mars Attacks !, de Tim Burton
La Guerre des mondes, de Steven Spielberg

9. LES TÉNÈBRES SOUDAINES, NOTAMMENT D'ORIGINE VOLCANIQUE
(celles de la Bible seraient expliquées par l'éruption de Santorin, en 1600 av. J.-C.)

« [...] il y eut d'épaisses ténèbres dans tout le pays d'Égypte, pendant trois jours. Ils ne se voyaient pas les uns les autres, et nul ne se leva de la place où il était [...] » Exode 10:22-23

Les Derniers Jours de Pompéi, d'Ernest B. Schoedsack et Merian C. Cooper
Le Pic de Dante, de Roger Donaldson
Docteur Folamour, de Stanley Kubrick

10. LE MAL QUI S'EMPARE DES ENFANTS

« Au milieu de la nuit, Yahweh frappa tous les premiers-nés dans le pays d'Égypte, depuis le premier-né de Pharaon assis sur son trône, jusqu'au premier-né du captif dans sa prison, et à tous les premiers-nés des animaux. » Exode 12:29

L'Exorciste, de William Friedkin
Rosemary's Baby, de Roman Polanski
Le Garçon aux cheveux verts, de Joseph Losey

93

KIT DE PETITS DIALOGUES
À LA FRANÇAISE,
À REJOUER À DEUX

QUALITÉ FRANCE

– Il s'appelle Juste Leblanc.
– Ah bon, il a pas de prénom ?
– Je viens de vous le dire : Juste Leblanc.
Leblanc est son nom et c'est Juste son prénom.
Monsieur Pignon, votre prénom à vous,
c'est François, c'est juste ?
– Moui.
– Eh bien lui, c'est pareil, c'est Juste.

Le Dîner de cons

– J'vous jure, M'dame,
j'ai jamais couché avec un garçon.
– Marie-Thérèse, ne jurez pas, je vous
en prie ! Rappelez-vous, vous êtes bien
sortie une fois avec un garçon.
– Non, j'vous jure, M'dame,
j'suis jamais sortie avec un garçon.
Je sors jamais avec les garçons.
– Marie-Thérèse, ne jurez pas !

La vie est un long fleuve tranquille

– J'ai bon caractère, mais j'ai le glaive vengeur et le bras séculier. L'aigle va fondre sur la vieille buse.
– C'est chouette, comme métaphore.
– Ce n'est pas une métaphore c'est une périphrase.
– Ah, fais pas chier !
– Ça, c'est une métaphore.

Faut pas prendre les enfants du bon dieu
pour des canards sauvages

– Vous m'avez dit : « Les meubles sont chez les chiens » ?
– J'ai dit : « Les meubles, ch'est les chiens. » Les chiens à lui.
– Ah, les siens ! Pas les chiens, les siens !
– Oui, les chiens, ch'est chat !
– Les chiens, les chats ! Putain, mais tout le monde parle comme vous ici ?
– Ah, ben ouais, chez les Ch'timis, tout l'monde y parle ch'timi, hein !

Bienvenue chez les Ch'tis

– Vous voulez un whisky ?
– Non, juste un doigt.
– Vous ne voulez pas un whisky d'abord ?

La Cité de la peur

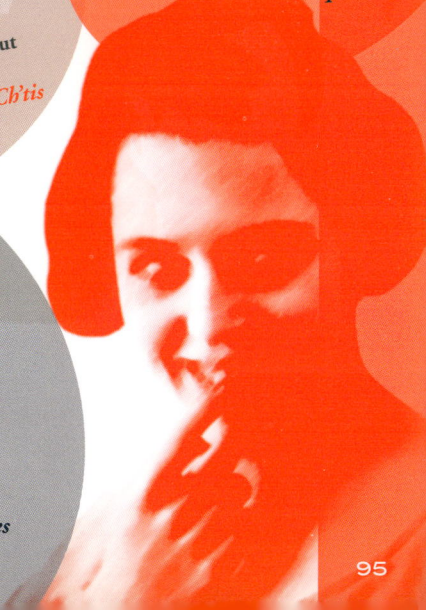

– Est-ce qu'il y a des trompettes, dans votre roman ?
– Ah non…
– Est-ce qu'il y a des tambours, dans votre roman ?
– Ah non…
– Ah ben alors, vous n'avez qu'à appeler ça : « Sans tambour ni trompette » !

L'Homme qui aimait les femmes

Métaphores à l'écran

Les bons films s'apppuient sur des thèmes qui parlent à tout le monde.
L'ennui, avec ces thèmes universels, c'est que ce sont des mots abstraits,
bons à faire des dissertations philosophiques. Pour les rendre visibles,
le cinéma utilise une figure de rhétorique : la métaphore,
qui permet de traduire le thème par le biais d'images.

Le piège de *La Mort aux trousses*, d'Alfred Hitchcock
Dès le générique, des traits quadrillent la façade de l'ONU, à New York :
ils illustrent la toile d'araignée dans laquelle va être pris Cary Grant.

Les hommes-moutons dans *Les Temps modernes*, de Charlie Chaplin
Peu après le générique, juste avant les ouvriers qui sortent en masse de l'usine,
c'est une image de troupeau de moutons qui est glissée au montage.

La machine progressiste de *La Ligne générale*, d'Eisenstein
Une écrémeuse est présentée à un groupe de paysans pour les convaincre de s'unir
dans une coopérative de production de beurre. La grande idée communiste – le progrès
dans la collectivisation – prend forme en même temps qu'une goutte de lait sur l'écrémeuse.

Les allusions au pénitencier dans *Casablanca*, de Michael Curtiz
Dans ce film, les personnages principaux cherchent à se libérer autant de la domination nazie
que d'un passé douloureux. Or, de nombreux éléments de décor renvoient subtilement à l'univers
carcéral : quadrillage des ombres, hauts murs de l'aéroport, tenues rayées des personnages…

Le barrage dans *Docteur Jivago*, de David Lean
À la fin du film, un grand barrage retient de l'eau sans réussir totalement à l'empêcher de passer :
il suggère que le régime communiste ne peut retenir les torrents d'amour qui emportent la jeunesse
du pays.

La voiture de *Gran Torino*, de Clint Eastwood

Comme le cheval dans le western, la voiture est le symbole américain
de la liberté. Clint Eastwood, l'une des grandes incarnations du mythe
du cow-boy, joue un ouvrier de l'automobile retraité qui bichonne
sa Gran Torino, mais la laisse au garage. À la fin du film, après sa mort,
son fils adoptif en hérite ; c'est avec lui, d'origine asiatique,
qu'elle se remet en marche, ainsi que tout le pays…

La grange dans *Witness*, de Peter Weir

La scène de la construction de la grange évoque la solidarité d'une communauté
non violente qui unit les efforts de tous pour le bien de l'un d'entre eux.
En ce sens, c'est une métaphore du propos du film : les valeurs amish.

Le Polaroid de *Memento*, de Christopher Nolan

Quand on tire un Polaroid, l'image apparaît progressivement sur le papier,
puis elle reste fixée. Au début de ce film, un montage inversé montre au
contraire un Polaroid en train de s'effacer : image de l'amnésie dont souffre
le personnage principal, dont la mémoire ne fixe les choses que durant
quelques minutes.

Le montage prémonitoire de *Seul au monde*, de Robert Zemeckis

Le film commence par un panoramique latéral. On suit un pick-up qui file
sur une route au milieu d'une plaine. La caméra semble aller trop vite,
car la voiture sort du champ, mais elle répparaît à la fin du panoramique.
Ce plan annonce la structure de l'histoire : celle de quelqu'un qui bouge,
qui disparaît du champ (des années sur une île déserte), puis qui revient
dans le champ.

La croisière catastrophique de *Film Socialisme*, de Jean-Luc Godard

La première partie du film a été tournée sur le bateau Costa Concordia,
au milieu de vrais croisiéristes. Une voix dit : « C'est une croisière
métaphorique d'une Europe livrée au consumérisme, oublieuse de sa riche
histoire. » Ironie du sort : deux ans après la sortie du film, alors que l'Europe
traverse une tempête financière, le Costa Concordia coule pour de bon…

Pseudos de comédiens

Tout le monde n'a pas la chance d'avoir un nom
qui sonne bien, qui soit facilement prononçable et mémorisable,
et qui dégage des résonances propres à obtenir de beaux rôles.

1

Si sexy en travesti
dans *Certains l'aiment chaud*
qu'il lui fallait un nom moins sombre
que Bernard Schwartz, sans doute.

2

Béatrice Cabarrou,
pas un nom pour
le sex-symbol
d'un été très chaud.

3

Léonie Bathiat, voilà un nom qui renvoie
à une autre époque, à une autre… atmosphère.
Ce que la comédienne a violemment refusé,
dans *Hôtel du Nord*.

4

Il n'avait pas un nom
à plaire aux Romains,
le gladiateur Issur
Danielovitch Demsky.

5

À treize ans, on ne peut pas
être la reine de la boum
et s'appeler Sophie Maupu.

6

Archibald Alexander Leach aurait
été un nom parfaitement adapté
à son rôle de paléontologue dans
L'Impossible Monsieur Bébé

7

Annie Legras,
est-ce un nom
pour jouer l'épouse
ravissante du grand
escroc Stavisky ?

8

Frederick Austerlitz
dansant avec une fille appelée
« Gingembre », ça ne dit rien
à personne, à première vue.
Et pourtant…

9

Jacky Boufroura,
c'est vraiment un nom très con.
Mais François Pignon
fait aussi très bien l'affaire.

10

Si elle s'était appelée Francesca Rivelli,
la « plus belle femme du monde »,
Gérard Depardieu se serait-il coupé
le sexe pour elle, dans *La Dernière Femme ?*
Oui, sans doute…

11

Jeune, Allen Stewart Königsberg
a dit : « L'éternité, c'est long surtout
vers la fin ». Vieux, il n'en finit pas
de faire des films.

COMMENT REPÉRER
LE SCHÉMA NARRATIF D'UN FILM

Beaucoup de jeunes scénaristes se désolent : « Tout a déjà été écrit.
Comment trouver une histoire originale ? » D'après les historiens de l'art,
l'originalité n'est une valeur en soi que depuis le romantisme.
Avant cela, les auteurs de théâtre comme les romanciers reprenaient
sans vergogne des schémas éprouvés : chez Molière, les amours de jeunes gens
contrariés ; chez Racine, A aime B, qui aime C, qui aime D…
Le nombre de schémas d'histoires, en matière d'existences humaines,
est limité. Les désirs humains sont toujours les mêmes : trouver l'amour,
battre un concurrent, devenir riche, arrêter une force mauvaise…
Voici la liste des schémas majeurs. Certains ont été « brevetés »
par les Américains et sont quasiment intraduisibles.

La quete
Un personnage recherche un autre
personnage, un lieu, un objet matériel ou un idéal.

La vengeance
Poussée par un besoin primitif de justice,
et quel qu'en soit le prix, une victime va tout faire
pour équilibrer les deux bras de la balance.

Le sacrifice
Un homme veut ou doit sauver ses semblables
et périt (ou non) dans sa tentative.

L'énigme
Toutes les enquêtes.

La poursuite
La version cinématographie du jeu
de cache-cache, montrant en alternance
le poursuivant et le poursuivi.
Chez Hitchcock, le héros est souvent un faux
coupable qui cherche à échapper à la police
tout en voulant attraper le coupable.

L'évasion
Un personnage prisonnier lutte pour survivre
et trouver les moyens de s'échapper.

La rivalité

Le héros et son rival veulent le même
bien impartageable :
une femme, un titre, une position…

L'underdog

Ce mot anglais désigne un joueur non favori, celui
qui est certains de perdre. Les films underdog
racontent la lutte du pot de terre contre le pot
de fer. Et, parfois, le plus fragile l'emporte.

Le poisson hors de son bocal

Le héros est plongé dans un milieu
qui ne lui est pas familier.

Les buddies movies

Curieusement, les plus grands films américains
sont des histoires – d'amour ou d'amitié –
entre deux hommes. Souvent, elles commencent
par une antipathie réciproque et,
souvent aussi, se dissimulent derrière
des histoires de poursuite.

L'amour

Une bonne histoire d'amour se construit
sur les obstacles rencontrés par les amants.
L'originalité de ces obstacles est un critère
de qualité des comédies romantiques.

Le quiproquo

Un personnage est pris pour un autre. La méprise
peut être tragique. Dans la comédie, le spectateur,
qui se régale des erreurs commises par les
personnages, doit impérativement être au courant
du quiproquo, sinon l'effet comique est perdu.

La recherche et la découverte de soi

Un personnage cherche à savoir qui il est vraiment.
Souvent, personne ne l'aide.

La métamorphose

Une spécialité du film fantastique.
Un personnage change d'apparence,
devient une bête, un vampire…

L'initiation

Parmi les films d'apprentissage,
il y a notamment ceux qui sont tirés des contes.

L'excès

Comme dans les tragédies de l'Antiquité,
un personnage est victime de ses excès.

L'ascension, la chute et la rédemption

Un personnage ambitieux grimpe. Pour réussir,
il transgresse certaines lois et devra se racheter.
Parfois, le récit ne raconte qu'une ascension
et une chute, parfois une chute et une rédemption.

Schémas narratifs :
À vous de jouer !

*Si vous avez bien lu les pages qui précèdent, vous devriez être capable
de deviner de quel schéma narratif relèvent les films cités ici en vrac.
Avec une petite difficulté : les grands films utilisent souvent
au moins un autre schéma narratif secondaire pour faire contrepoint au principal.
Par exemple,* Moby Dick *raconte la poursuite de la baleine blanche par Achab,
mais c'est aussi une extraordinaire initiation pour Ismaël, le jeune narrateur.
Faites vos jeux ! Pour chaque schéma, trois films sont à deviner.
Les réponses vous seront données par les pictogrammes, mais cherchez bien, d'abord…*

Apocalypse Now   **Wall Street**

Le Sixième Sens   **La Grande Évasion**

Gladiator   Amadeus   Seven   L'Odyssée

Le Trésor de la sierra Madre   Cendrillon

Les Hauts de Hurlevent

Le Prisonnier de Zenda   Moby Dick

L'Ombre d'un doute   Stalag 17

Butch Cassidy et le Kid   Indiana Jones

Hamlet   Les Compères   Memento

Wolf   Monsieur Verdoux   Rocky

Le Cercle des poètes disparus   Witness

La Comtesse aux pieds nus   Terminator

L'Armée des ombres   Moby Dick

Le Comte de Monte-Cristo   Sister Act

Gatsby le magnifique   La Mouche

Le Crime de l'Orient-Express

Sugarland Express   Citizen Kane

Vol au-dessus d'un nid de coucou

L'Homme qui tua Liberty Valance

La Mémoire dans la peau   Casablanca

Jésus de Nazareth   Stand by Me

Thelma et Louise   L'Éternel Retour

Certains l'aiment chaud   Ben Hur

Mort d'un commis voyageur

Docteur Jekyll et Mr Hyde   Avatar

Le Secret magnifique   Fury

LE SENS DE LA REPARTIE

*Dans la vraie vie, les occasions ne manquent pas de riposter
aux boutades d'un collègue, de clore le bec à un importun,
de déclarer sa flamme joliment ou tout simplement de faire le malin.
Sauf que tout le monde n'est pas maître dans l'art du tac au tac.
Au cinéma, si. Les personnages ont ce sixième sens : celui de la repartie.
Et c'est aussi pour ça qu'on prend plaisir à les entendre.*

**– Je suis un homme.
– Eh bien… personne n'est parfait !**

Certains l'aiment chaud

**– Angela, tu es infâme.
– Non, je suis une femme.**

Une femme est une femme

**– Si vous persistez à ne pas arriver à l'heure,
je devrai prendre une autre secrétaire !
– Et vous pensez qu'on aura suffisamment
de travail pour deux ?**

Une demoiselle en détresse

**– Je ne peux pas manger ce canard !
Renvoyez-le au patron.
– Inutile… Lui non plus ne voudra
pas le manger.**

Half Shot at Sunrise

— Avez-vous déjà songé sérieusement au mariage ?
— Évidemment, c'est pour ça que je suis encore célibataire.

Cracked Nuts

— J'ai demandé à ma femme : « Où veux-tu aller pour ton anniversaire ? » Elle m'a répondu : « Je veux aller quelque part où je ne suis jamais allée. » Je lui ai dit : « La cuisine, par exemple ? »

Les Affranchis

— Si vous étiez mon mari, je vous ferais prendre du poison.
— Si j'étais votre mari, je le prendrais.

La Taverne de l'enfer

— Ça vous coûtera deux cents dollars.
— Deux cents dollars !
— C'est deux cents dollars ou rien.
— OK. On le prend pour rien, alors.

Cash and Carry

— C'est la première fois que je vois un Chinois qui apprend le yiddish.
— Ne lui dites rien, il croit qu'il apprend l'anglais.

Je hais les acteurs

105

ALFRED HITCHCOCK

« LES BLONDES FONT LES MEILLEURES VICTIMES. ELLES SONT COMME DE LA NEIGE VIERGE SUR LAQUELLE ONT PEUT VOIR DES TRACES DE PAS ENSANGLANTÉS. »

RITA HAYWORTH

« TOUS LES HOMMES
QUE J'AI CONNUS
SE SONT COUCHÉS
AVEC GILDA ET SE SONT
RÉVEILLÉS AVEC MOI. »

LE VIDE-GRENIERS DU CINÉMA

Le cinéma est un art visuel. Dans l'équipe technique, on compte un décorateur et ses équipes, des habilleuses et des accessoiristes… Ils veillent à ce que les décors, les vêtements, les objets participent au réalisme des scènes.

Ces éléments visuels participent à l'ambiance du film. Mais, dans certains films, les objets jouent un rôle majeur qui va bien au-delà. Ce sont les fétiches du film. Imaginez ces objets étalés devant vous. Combien de secondes vous faudra-t-il pour que vous retrouviez les films dont ils sont issus ?

BOULE À NEIGE

Lâchée par son propriétaire juste avant de mourir. Détient un pouvoir spirituel.

Citizen Kane

CHAUSSURES D'HOMMES

État médiocre. Partiellement mangées.

La Ruée vers l'or

FAUCON MALTAIS

Matériau très spécial, celui dont sont faits les rêves.

Le Faucon maltais

MASQUE

Testé par l'amicale des cannibales.

Le Silence des agneaux

MIROIR

Attention ! déconseillé dans certaines histoires d'amour.

Orphée

CHIGNON

La coiffure qui donne le vertige aux hommes.

Vertigo (Sueurs froides)

MAPPEMONDE

L'accessoire indispensable de tout ambitieux.

Le Dictateur

BÂTONS DE DYNAMITE

Garantie d'un suicide plus haut en couleur que les barbituriques.

Pierrot le fou

LOT DE BANDAGES

Kit pour passer inaperçu.

L'Homme invisible

PIC À GLACE

Ne brise pas que la glace si vous suivez vos instincts.

Basic Instinct

CRACHOIR

Fourni avec un dollar caché à l'intérieur.

Rio Bravo

RIDEAU DE DOUCHE

Avec taches, mais plaira à votre maman.

Psychose

PIANO

pas à vendre : à troquer contre leçons de séduction

La Leçon de piano

PAIRE DE BAS

Déjà portés et retirés. Font effet sur le public étudiant.

Le Lauréat

COMPLET BLANC

Insalissable et inusable. État impeccable.

L'Homme au complet blanc

APPAREIL PHOTO

Équipé d'un zoom permettant de surveiller vos voisins.

Fenêtre sur cour

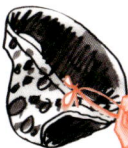

PAGNE POUR HOMME

Un charme fou. Résiste à l'assaut des tigres et sèche instantanément.

Tarzan

TABLES DE LA LOI

Toujours utiles à avoir sur soi en cas de pacte avec Dieu.

Les Dix Commandements

BAIGNOIRE

Qui s'y noie en ressort vivant.

Les Diaboliques

TRONÇONNEUSE

Ce serait vraiment trop bête de ne l'utiliser que pour les bûches.

Massacre à la tronçonneuse

UN PEU DE VOCABULAIRE PRO : L'IMPLANT ET LE PAIEMENT

Un scénariste travaille souvent à rebours : il pense d'abord à une scène forte, puis il revient en arrière dans le scénario et insère des éléments (gestes ou propos qui semblent souvent banals à première vue) qui viendront, plus tard, justifier cette scène.
Ces éléments sont réunis dans ce qu'on appelle « l'implant » ; ils justifieront une scène ultérieure qu'on appelle « le paiement ».
Et, comme en matière de chirurgie mammaire ou capillaire, un implant réussi est un implant qui passe inaperçu, qui semble naturel.
Aviez-vous repéré les implants dans les films suivants ?

Les Lumières de la ville

✦ PAIEMENT
À la fin du film, la jeune aveugle redevenue voyante, qui ne reconnaît pas Charlot, veut lui faire l'aumône. Comme il refuse, elle lui saisit la main pour y mettre la pièce. C'est au toucher qu'elle reconnaît son ancien donateur.

✦ IMPLANT
La jeune aveugle du début du film, qui pensait que Charlot, son protecteur, était milliardaire, lui avait serré les mains.

Les Aventuriers de l'arche perdue

✦ PAIEMENT
Indiana Jones, piégé sous la pyramide, doit traverser une grande salle pleine de serpents assoupis, et cette épreuve semble lui être particulièrement difficile.

✦ IMPLANT
Au début du film, on avait appris sa phobie des serpents : il avait montré beaucoup de sang-froid dans une embuscade et avait réussi à s'échapper en hydravion, mais avait perdu tout contrôle en apercevant un simple serpent lové dans le baquet du pilote.

La Garçonnière

✳ PAIEMENT
Le jour où Baxter fête sa promotion, la collègue dont il est amoureux lui prête son poudrier pour qu'il s'admire avec son nouveau chapeau melon. Au moment où il découvre son image dans le petit miroir brisé, il comprend qu'il n'a aucun espoir de la conquérir et que cette femme est déjà l'amante d'un autre.

✳ IMPLANT
Ce poudrier au miroir brisé, Baxter l'avait trouvé chez lui et l'avait rendu à l'homme à qui il prêtait son appartement en guise de garçonnière, afin qu'il puisse le rendre à sa maîtresse.

Terminator II

✳ PAIEMENT
Terminator choisit de se sacrifier pour sauver l'humanité en étant complètement détruit dans de l'acier en fusion : curieuse réaction pour un robot censé être sans âme.

✳ IMPLANT
Une scène antérieure l'avait montré « s'humanisant » au contact d'un adolescent pour lequel il faisait figure de héros.

Apparences

✳ PAIEMENT
Claire veut utiliser son portable pour appeler au secours, mais le réseau est trop faible, et elle est loin de la route.

✳ IMPLANT
Une scène de la vie ordinaire nous avait clairement montré que le couple vivait dans une maison loin de tout, où les mobiles ne passaient pas.

Sueurs froides

✳ PAIEMENT
Scottie, policier de San Francisco, monté sur le toit d'un immeuble en poursuivant un voyou, est paralysé au moment de sauver un collègue. Celui-ci se tue.

✳ IMPLANT
Pour justifier cette attitude peu professionnelle, on nous avait fait savoir auparavant qu'il souffrait de vertige.

DÉFINITIVEMENT ADOPTÉES !

Des répliques tellement cultes qu'elles sont passées dans le langage courant. Elles ont franchi un tel seuil de familiarité que, quand on les emploie, ce n'est même plus au titre de citations. D'ailleurs, parfois on les connaît sans même avoir vu le film dont elles sont tirées.

« *Coucou, chérie !* »

« Je ne suis pas un animal ! Je suis un être humain. »

« QUE LA FORCE SOIT AVEC TOI ! »

« Lundi, c'est raviolis ! »

« MON NOM EST BOND, JAMES BOND. »

« Qu'est-ce que je peux faire ? J'sais pas quoi faire. »

« *Et mes fesses ? Tu les aimes, mes fesses ?* »

« J'adore l'odeur du napalm au petit matin. »

« Cassé ! »

« On n'est pas bien ? Paisibles, à la fraîche, decontractes du gland… »

« *Houston, nous avons un problème.* »

« You fucked my wife ?
You fucked my wife ! »

« T'as de beaux yeux, tu sais ? »

« HASTA LA VISTA, BABY ! »

« Carpe Diem. Profitez du jour présent. Que vos vies soient extraordinaires. »

« *C'est cela, oui... C'est cela.* »

« Je suis le roi du monde ! »

« OKéé ! »

« Tu me fends le cœur ! »

« C'est fin, oui, c'est très fin. Ça se mange sans faim. »

« *Si j'aurais su, j'aurais pas venu.* »

« MOI TARZAN, TOI JANE. »

« MON PRÉCIEUX ! »

« *Élémentaire, mon cher Watson.* »

« Youʼre talking to me ? »

113

PETITS BUDGETS, GROSSES RECETTES

À l'inverse de films comme Avatar et autres blockbusters, qui sont des projets presque industriels où le marketing prend une place essentielle, des cinéastes, le plus souvent jeunes, font le pari de réaliser des films pas chers. Le succès de ces films vient souvent du bouche-à-oreille et, pour ceux qui sont délibérément transgressifs, du parfum de scandale et du buzz orchestré sur Internet. Plusieurs de ces films ont profité de la présence d'un acteur encore inconnu, qui devint ainsi une star.

PSYCHOSE

Budget

.800 000 $

Recettes non corrigées

32 000.00 $

Un des chefs-d'œuvre de Hitchcock, à très faible budget, ce qui lui a permis de le financer lui-même et d'être ainsi totalement indépendant. Au point de se permettre de tuer la star à la moitié du film, fait unique dans les annales !

LE PARRAIN I

Budget

6 000.000 $

Recettes mondiales

245 000.000 $

Coppola dut se battre avec les studios Paramount pour faire accepter Al Pacino (alors quasiment inconnu) et Marlon Brando (alors l'un des maudits de Hollywood) dans les rôles principaux. Le film remporta quatre oscars.

El Mariachi

Budget

7.000 $

Recettes aux États-Unis

2.040.000 $

Pour produire son film, le scénariste-réalisateur a dû jouer les cobayes pour un laboratoire pharmaceutique.

Mad max

Budget

300.000 $

Recettes mondiales

100.000.000 $

Le film faillit bien ne jamais sortir en France, car jugé trop violent. Il devint une trilogie. Il a révélé Mel Gibson.

Grease

Budget

6.000.000 $

Recettes mondiales

395.000.000 $

La reconstitution joyeuse des fifties et la présence de la future star John Travolta en a fait l'événement musical de la fin des années 1970.

C'est arrivé près de chez vous

Budget estimé

33.000 $

Recettes rien qu'aux États-Unis

205.000 $

Ce film culte pour son humour noir est le film de fin d'étude de Rémy Belvaux. Il a révélé Benoît Poelvoorde.

Le projet Blair Witch

Budget

60.000 $

Recettes aux États-Unis

140.000.000 $

Film s'inspirant du style des films d'étudiants fauchés, le premier à profiter d'un marketing savant sur Internet. L'opus 2, ayant perdu l'effet de surprise, fut un flop.

Paranormal activities

Budget

15 000 $

Recettes aux États-Unis

100.000.000 $

Le dernier grand succès du film d'horreur cheap. Mêmes recettes que Le Projet Blair Witch, avec un marketing viral encore plus appuyé.

LA MISE EN ABYME
OU LA RÉALITÉ DE L'ILLUSION

*Une grande famille du cinéma, une famille baroque, soutient
que le cinéma existe pour représenter un monde d'illusions.
Edgar Morin l'explique remarquablement dans* Le Cinéma
*ou l'homme imaginaire. Pour les membres de cette famille, pas question,
au cinéma, de prouver que le réel n'est qu'une question de point de vue.
Quoi de plus séduisant, au contraire, que de concevoir des films où l'apparence
l'emporte sur le réel ? Leurs personnages assistent ou participent eux-mêmes
à une représentation où ils retrouvent leur propre histoire.
C'est ce qu'on appelle la « mise en abyme ».*

LA FIGURE DU VOYEUR

Les personnages de voyeurs sont un peu comme nous, les spectateurs du film.

Ils prennent ce plaisir étrange que nous connaissons tous à voir des gens confrontés aux mêmes problèmes qu'eux.

Dans *Fenêtre sur cour,* le personnage masculin, immobilisé dans une chaise roulante à la suite d'un accident, passe son temps à observer ses voisins, négligeant sa fiancée qui vient lui rendre visite. Comme l'explique Hitchcock, « le problème de James Stewart est qu'il n'a pas envie d'épouser Grace Kelly, et, sur le mur d'en face, il ne voit que des actions qui illustrent le problème de l'amour et du mariage. »

LE SPECTACLE DANS LE SPECTACLE

Dans la comedie musicale *Tous en scène*, Fred Astaire, dans le creux de la vague, à cinquante-quatre ans, joue un danseur has been qui refuse de jouer avec une partenaire plus grande que lui – hantise propre à l'acteur. Le film multiplie les jeux de miroir, mettant en evidence le quotidien des gens de spectacle et même la production du film lui-même, revelant l'envers du decor.

La Dernière Folie de Mel Brooks est un film muet qui raconte les tribulations d'un cineaste essayant de convaincre les studios de produire un film muet… celui-là même realise par Mel Brooks.

LE PERSONNAGE QUI SE SAIT PERSONNAGE

Dans *L'Antre de la folie*, le personnage principal se rend d'abord compte qu'il est un personnage d'un roman, dont le titre est celui du film. Plus tard, il assiste à la projection de l'adaptation de ce roman, c'est-à-dire au film que le spectateur est lui-même en train de regarder.

Dans *Boulevard du crépuscule*, une ancienne star du muet ne retrouve la celebrite qu'après avoir tue son jeune amant. Cette fois, le personnage se croit dans un film ; elle prend les cameras des actualites qui la filment pour celles du cinema.

LE PERSONNAGE DU RÉALISATEUR

Le cas le plus extraordinaire est probablement celui du Voyeur de Michael Powell. C'est l'histoire d'un homme sexuellement obsede par la camera. Il egorge des femmes avec un pic qui tient lieu de pied de sa camera en filmant leur expression unique à l'instant ou elles meurent…

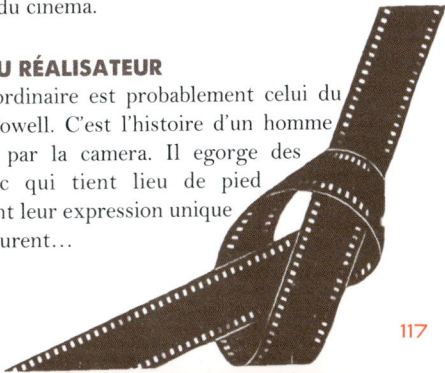

L'ART DU REMAKE

*Autrefois, les auteurs de théâtre n'hésitaient pas à s'inspirer de textes connus.
Ainsi, le* Dom Juan *de Molière serait la centième version de la célèbre histoire.
Au cinéma, on appelle ça des remakes. Innombrables et voyageurs, ils se déguisent
sous des titres différents. Par exemple,* Le facteur sonne toujours deux fois *(1946),
adaptation du roman éponyme de James C. Cain, a été tourné une première fois
en français en 1939 sous le titre* Le Dernier Tournant, *puis en Italie en 1942,
sous le titre* Obsession. *Un dernier remake a été réalisé en 1981.*

Le remake est plus ou moins fidèle au film original, en fonction des choix
des scénaristes, des réalisateurs et des producteurs. Pour que le remake
fonctionne, encore faut-il respecter certaines contraintes.

1. IL FAUT ADAPTER LE SCÉNARIO AUX CHANGEMENTS CULTURELS.

Le Ciel peut attendre
Here Comes Mr Jordan, de 1941, a été adapté avec succès en 1978 sous le
titre *Heaven Can Wait*. Il prenait en compte des préoccupations des années
1970 : la mode du fitness, le développement personnel et la pollution.

Les Choristes
Adaptation, en 2004, de *La Cage aux rossignols*, de 1945, avec un regard
contemporain sur les enfants. Le public y est sans doute plus sensible et
plus à leur écoute qu'autrefois.

Always
Remake, en 1989, de A Man Called Joe, de 1943. On est passé des risques
nécessaires que prennent des pilotes de bombardiers pendant la deuxième
Guerre Mondiale, à des risques exagérés pris par des pompiers volants.
Les héros se sont transformés en trompe la mort.

2. IL FAUT TENIR COMPTE DES DIFFÉRENCES CULTURELLES

Les films qui ont eu du succès en France sont souvent adaptés aux
États-Unis, le public américain étant absolument rétif aux sous-titres.
Ils le sont parfois avec un réel succès, comme pour *Trois hommes
et un couffin*, qui a une histoire bien construite et une bonne morale.
En revanche, les films où la séduction et l'adultère jouent un rôle essentiel
déplaisent à une grande partie du public américain, beaucoup plus puritain
que nous. Ce qui explique les échecs de *Cousin, Cousine* et de *L'Homme
qui aimait les femmes*.

LE CAS D'ÉCOLE : KING KONG

**La version originale date de 1933. Le film a connu
de nombreux remakes ; deux d'entre eux se détachent.**

Remake de 1976 par John Guillermin
Kong est rendu plus intelligent et plus humain. Il marche
toujours debout. Épousant la tendance des années 1970,
la relation entre Kong et la blonde est plus explicitement
érotique. Le film mélange les genres d'une manière qui
n'est pas assumée. C'est principalement un film d'action,
mais avec un aspect parodique. Par exemple, la blonde
traite Kong de « gros porc machiste ».

Remake de 2005 par Peter Jackson
Le film est fidèle à l'original, mais tout est plus grand :
le film est plus long, la forêt plus profonde, les murs autour
de l'île plus impressionnants. Sans compter les effets spéciaux !
Les histoires d'amour entre Kong – qui, dans cette version,
ressemble plus à un gorille – et la blonde, comme entre
la blonde et le héros, sont plus intenses que dans l'original.
À la fin, la blonde veut absolument sauver Kong, et le héros
grimpe au sommet de l'Empire State Building pour la sauver.
À côté du classique conflit « l'homme contre le singe »,
on trouve la thématique contemporaine « sauvons les animaux
en danger ». Même si c'est l'homme qui les a mis en danger.

« Le cinéma n'a pas de limites, c'est un ruban de rêves. »

ORSON WELLES

LE TWIST FINAL

Dans un bon film classique, peu avant la fin, une scène voit s'affronter le bon et le méchant. C'est ce qu'on appelle le « climax ». Il est suivi par le dénouement, qui montre les conséquences de la victoire ou de la défaite sur les personnages principaux.
Certains auteurs ironiques offrent un dénouement surprenant, appelé « twist », qui « retourne » littéralement le sens du film et permet de reconsidérer toute l'histoire sous un nouvel angle. Quelques exemples…

L'Invraisemblable Vérité, de Fritz Lang

Un journaliste lutte contre la peine de mort. Il décide de se faire passer pour un assassin en fabriquant de fausses preuves d'un crime qu'il aurait commis sur une femme. Il est arrêté. Malheureusement, un accident détruit les preuves de son innocence et il est condamné à mort.

TWIST! en réalité, le journaliste avait réellement assassiné la femme qui le faisait chanter et son plan était une couverture. Il voulait être poursuivi avec les fausses preuves qu'il avait fournies, pour pouvoir s'innocenter facilement lors du procès et ensuite être à l'abri de toute poursuite.

The Usual Suspects, de Bryan Singer

Le film est centré sur l'interrogatoire, par des policiers, d'un petit malfrat infirme. Celui-ci raconte avec beaucoup de détails les circonstances qui ont conduit la bande dont il faisait partie à se faire massacrer par un criminel légendaire : Keyser Söze.

TWIST! les policiers viennent de laisser partir le malfrat, une fois sa caution payée, quand ils réalisent que tous les détails donnés pendant l'interrogatoire ont été inspiré d'éléments visuels de leur bureau et que, très probablement, le malfrat infirme est Keyser Söze.

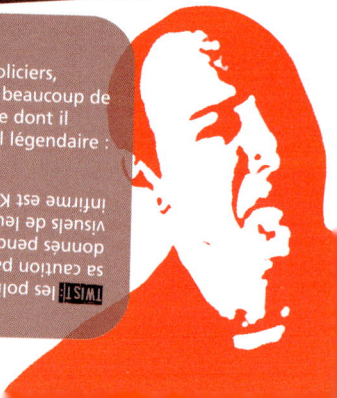

Le *Sixième Sens*, de Night Shyamalan

Un pédopsychiatre se fait tirer dessus par l'un de ses patients, mais survit miraculeusement. Il reprend le travail ; son nouveau patient est un petit garçon qui prétend voir des personnes décédées.

En tant que psychiatre, il est censé l'amener à réaliser que ses visions sont des hallucinations.

TWIST ! en fait, le psychiatre est mort depuis le début du film, lequel n'est qu'une longue hallucination de l'enfant.

Fight Club, de David Fincher

Le film commence lorsque le protagoniste-narrateur apparaît en danger d'être abattu par un certain Tyler. Un long flash-back, qui constitue le film, explique comment il en est arrivé là. Le narrateur, qui s'ennuyait dans sa vie de cadre, a rencontré un asocial provocant, le dénommé Tyler. Ensemble, ils ont fondé le Fight Club, club violent où les hommes se battent à mains nus. Devant le succès, le club a pris de l'ampleur, et Tyler a entamé le projet Chaos, qui a tourné au cauchemar.

TWIST ! retour au temps réel. Le narrateur comprend qu'il est lui-même Tyler Durden. Pour en finir avec son double envahissant, il se tire une balle dans la tête.

Mulholland Drive, de David Lynch

Le film raconte une histoire d'amour entre deux comédiennes d'Hollywood qui se sont rencontrées sur un tournage : une brune sculpturale amnésique et une blonde solaire. La blonde réussit… tout en faisant une enquête pour retrouver l'iden-tité de l'amnésique.

TWIST ! c'était un rêve. Dans la réalité, les rôles étaient inverses. La brune avait réussi, s'était lassée de la blonde, s'était mise en couple avec un réalisateur, et même humiliait la blonde. Finalement, celle-ci, pour se venger, l'a fait éliminer par un tueur. La police venant l'arrêter, elle se suicide.

123

Jean-Luc Godard

Il y a plusieurs façons de faire un film.
Comme Jean Renoir et Robert Bresson, qui font de la musique.
Comme Sergueï Eisenstein, qui faisait de la peinture.
Comme Stroheim, qui écrivait des romans parlants à l'époque du muet.
Comme Alain Resnais, qui fait de la peinture.
Et comme Socrate, je veux dire Rossellini, qui fait de la philosophie.
Bref, le cinéma peut être tout à la fois.

Bon pour
un bouquet de roses
pourpres du Caire

Bon pour
une visite du cerveau
de John Malkovitch

Bon pour
un strip-tease
de Gilda

Bon pour
un voyage
dans la Lune

Bon pour
quelques jours
avec moi

Bon pour
une Aston Martin DB5
équipée de gadgets

Bon pour
un buffet froid

Bon pour
retrouver nos plus
belles années

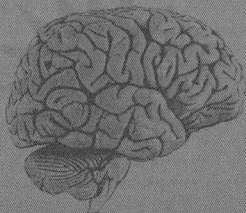

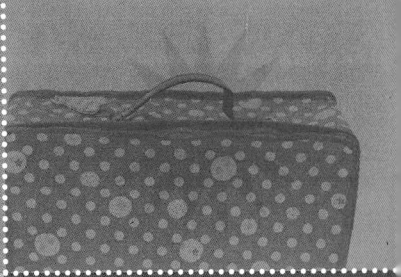